HATSCHI!
Naoki Urasawa
KURZE GESCHICHTEN

Niesen [jap. kushami]:
Spontaner, unwillkürlicher Ausstoß von Luft durch die Nase. Bezeichnet auch Kurzgeschichten im Gegensatz zu längeren Werken. Verzerrt das Antlitz und kann jede noch so hübsch aussehende Person vorübergehend hässlich wirken lassen.

INHALT

DAMIYAN!

Erstveröffentlichung:
Weekly Big Comic Sirits,
Nr. 49/2016,
Shogakukan

HM...
WIE SAG
ICH'S?
ALSO...

NORMAL
HALT,
HOHO!

IST SO,
ALS WÄR
JEDEN TAG
SONNTACH,
NE?

...
WEGEN
HANDY-
GAMES-
SPIELEN, NE?
PROBAT, HO-
HO!!

UND AUF
ARBEIT
IMMER
PINKEL-
BUDEN-
FLATRATE
...

DREI MILLIONEN? ODER FÜNF. IN YEN VERSTEHT SICH. WÄHRUNG, NICHT WAHR? PROBAT, HÖHÖ!

WIE WEIT STEHST DU DENN SCHON IN DEN MIESEN?

GAB KNATSCH IM CLAN, ODER? ALSO NICHT DASS ICH MICH AUSKENNEN WÜRDE.

NA, ICH SEH EUCH IMMER AUF YAFOO-NEWS! SCHÖN DIE VISAGEN INNE SCHLAGZEILEN!

UND WAS WILLST DU JETZT VON UNS?

WILL SAGEN, MIT UNS, WIR ZUSAMMEN... KÖNNTE 'NE ASTREINE FEUERPOWER GEBEN!

ABER WENN DU DEN ENDBOSS PLATTMACHEN WILLST, ÜBERLEG DIR GENAU, WELCHE ITEMS DU EINSETZT.

WER MACHT PUFF? DU?

NORMAL, ODER...? SO LÄUFT'S, HÖHÖ!

SAGEN WIR, EINER GEHT EUCH AUFN KIEKER, DANN KOMMT IHR ZU UNS, WIR MACHEN PUFF! UND WEG ISSER. ODER SIE.

DARF ICH VORSTELLEN: DAMIYAN!

ICH? NEE, NEE, ER HIER! UNSER ALLER GOTT, DER MANN MIT DEN ÜBERRAGENDEN FÄHIGKEITEN...

DAMIYAN!

BOCK, ZU STERBEN, ODER WAS?

NEIN... IM GEGENTEIL. DER GUTE IST BEWANDERT, WENN'S UMS INS-GRAS-BEISSEN UND SO WAS GEHT.

IN DER GRUND-SCHULE HAT IHN MAL EI-NER GE-PIESACKT ...

MAUSETOT HEUTE, NE? HÖHÖ!

WIE DAS?

HAHAHA! LOL!

DREI AN DER ZAHL? PROBAT. WIE IHR SEHT, MIT DAMIYAN IST GUT MUNKELN. TOP INVESTITION!

IN DER MITTELSCHULE WAR'S NOCH ÄRGER. DA HAT'S 'NE GANZE GANG AUF IHN ABGE-SEHEN. WIE VIEL WAREN'S NOCH GLEICH?

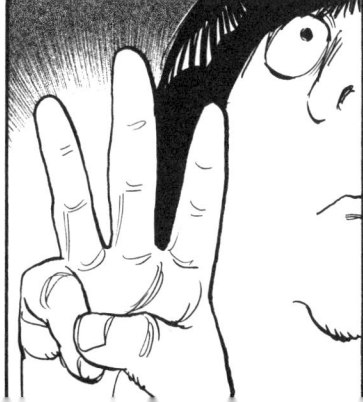

PFF, ALS WENN ICH EUCH DAS ABKAUF! WENN IHR VÖGEL KOHLE SEHEN WOLLT, LIEFERT ERST MAL 'NEN BEWEIS.

... DREI HAMMEL INS JENSEITS BEFÖRDERN KANN!

ICH WILL SEHEN, WIE EIN SPINNER WIE DER...

BEWEIS? BEWEIS WOFÜR?

WIE?

DARF ICH IHRE TELLER SCHON MITNEHMEN?

WAS? JETZT? NEE, DAS IST VIEL ZU GEFÄHRLICH!

AAAAAAAH!

KLIIIRR

10

ENT-
SCHULDI-
GEN SIE
BITTE!

UPSI,
JETZT
HAT ER'S
GETAN.

WAS?
WER?

?

DAMIYAN!
REICHT.

HM?

HÄ?

GUCKST DU NICHT IN DEN SPIEGEL, SAG MAL?!

HÄ?

SCHON WIEDER? JETZT IST'S ABER GENUG, DAMIYAN.

GIBT'S NICHT! ICH RUF DIE POLIZEI!

AH!

BAM

...

SLLRP

S...SORRY, ANIKI KOMOTO! WIR WOLLTEN DEN BENGELN EBEN 'NE ABREIBUNG VERPASSEN!

IST DAS WAHR, KLEINER?

ICH WILL WISSEN, OB DAS WAHR IST, WAS ICH DA GRAD GESEHEN HAB!

VERZEIHUNG... DAMIYAN WIRD MANCHMAL ETWAS BRACHIAL, NICHT WAHR? HÖHÖ!

SLRRP

RYUZO KANZAKI, DIE NUMMER 2 DES HONAMI-CLANS, WOBEI... AKTUELL IST ER SOGAR DIE NUMMER 1.

VORHER WAR ES KEIJIRO NOMIYA. INZWISCHEN SIND 49 TAGE* VERGANGEN UND KANZAKI KANN OFFIZIELL DIE GESCHÄFTE ÜBER- NEHMEN UND ÖFFENTLICH AUFTRETEN.

HM...?

KRIEGT ER DAS AUS DER ENTFER- NUNG HIN?

WENN MAN NICHT GERA- DE ZU SEINEN ENGSTEN VER- TRAUTEN ZÄHLT, IST ES RELATIV SCHWIERIG, AN DEN MANN RAN- ZUKOMMEN.

WIR REDEN HIER VON DAMIYAN, NICHT WAHR?

* sog. Bardo = Zwischenzustand nach dem Tod zur Entscheidung über die Art der Wiedergeburt; die Urne steht auf einem Gedenkaltar im Trauerhaus

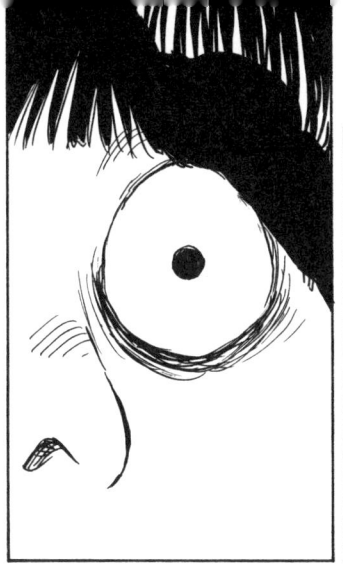

OH GOTT! DEN BOSS HAT'S ER- WISCHT!

AAAAH

AAAH! BOSS!

WUMP

...

URGH!

A... ALLES IN ORD- NUNG, BOSS?

TRAPP TRAPP

D...DEM BOSS IST NICHTS PASSIERT! ESKORTIERT IHN ZUM WAGEN!

HAT HIER JEMAND ZUM SPASS 'NE BANANEN- SCHALE HIN- GELEGT, ODER WAS?!

TRAPP TRAPP

WARST DU DAS EBEN?

...

ETWAS NÄHER DRAN, UND DAMIYAN HÄTTE IHM LOCKER ZWEI, DREI HERZINFARKTE VERPASSEN KÖNNEN.

KOMOTO, WEM HAST DU'S ZU VERDANKEN, DASS EIN HANSWURST WIE DU ES BEI UNS ZU WAS GEBRACHT HAT?

SCHÄTZE MAL LEUTE AUS DEM VERFEINDETEN OTORI-CLAN?

WAS GLAUBST DU... WER HAT NOMIYA ERLEDIGT?

IHNEN, ANIKI KIKUCHI, UND UNSEREM FRÜHEREN BOSS NATÜRLICH.

WIR HABEN AUS DIR EINEN ECHTEN KERL GEMACHT, KOMOTO.

GANZ RECHT.

DAS WAR 'NE INTERNE NUMMER. ICH GLAUB JA, KANZAKI WAR'S.

DIE OTORIS KRÜMMEN UNS HEUTE KEIN HAAR MEHR.

PFF, DIE ZEITEN SIND LÄNGST VORBEI, MEIN LIEBER.

TSS... SCHÖNEN BOSS HASTE! DER SOLLTE SCHLEUNIGST DAS FELD RÄUMEN.

NACH ALLEM, WAS NOMIYA FÜR DICH GETAN HAT... DER MANN HAT DICH GROSSGEZOGEN!

WAS? DER BOSS?!

DU KANNST AUF MICH ZÄHLEN.

FÜR DEINE FAMILIE WIRD GESORGT. DER SOLL'S AN NICHTS FEHLEN.

ABER KEINE SORGE. SOBALD DU AUS DEM KNAST WIEDER RAUS BIST, FANGEN WIR DICH AUF.

UND NOCH WICHTIGER...

...

WENN WIR UNS MIT EINEM WIE DIR ABGE-BEN, SEHEN UNS DIE LEUTE NUR SCHIEF AN.

MISCH DICH BITTE NICHT EIN.

!

....

OH, SHIT, SCHNELL WEG!

HE! LASST IHN IN RUHE, SONST GIBT'S ÄRGER MIT MIR!

KOMM, KENTA. STEH AUF, WIR GEHEN.

... ZUM SPORTFEST KOMMEN?

DARF ICH AM SONNTAG...

NEIN. NATÜRLICH NICHT.

KOMM JETZT, KENTA.

TCH!

AH...
JA.

WAR
DAS NICHT
KANZAKIS
CHAUFFEUR?

WENN WIR DEN KERL NIE ZU GESICHT KRIEGEN, KANNST DU DIR DIE MÜHE SPAREN. DU WEISST JA, MAN SOLLTE DIE RECHNUNG NIE OHNE DEN WIRT MACHEN...

HMPF... SCHARRT EINEN HAUFEN SECURITY UM SICH, ABER EINER WIE ICH AUS DER EXEKUTIVE KRIEGT NICHT MAL 'NE POPELIGE AUDIENZ BEI IHM.

OHA!

SEIN CHAUFFEUR HAT MIR ETWAS AUSGERICHTET...

DER BOSS MÖCHTE MICH SEHEN. GIBT WOHL ETWAS ZU BESPRECHEN...

JA, WAS DAS ANGEHT...

HM?

DAS IST UNSERE GROSSE CHANCE!

ÄHM... NEIN... NICHTS...

WO IST DAS PROBLEM?

DIE GELEGENHEIT MUSST DU DIREKT BEIM SCHOPF PACKEN, KOMOTO!

JA... ABER DAS TREFFEN IST DIESEN SONNTAG...

...

VER-
SCHENK
SIE NICHT.

JA-
WOHL.

ICH VER-
LASS MICH
AUF EUCH.
VERBOCKT
ES NICHT.

DIESEN
SONNTAG
MUSS ES
PASSIEREN.

KEINE
ANGST. TUN
WIR NICHT.
HAUPTSACHE,
SIE BRINGEN
DIE KOHLE
MIT.

NEE! DAS
WAR NICHT
AUSGEMACHT.
WIR ERLEDIGEN
DEN JOB UND
SIE LASSEN
DIE KOHLE
RÜBERWACHSEN.
DANACH IST
FINITO. AUSSER
ES GIBT 'NEN
NEUEN TARIF...

UND
ICH HÄTTE
NOCH EINEN
JOB FÜR
EUCH.

JAJA, IHR
KRIEGT
EUER
GELD.

ICH WILL, DASS WIR NACH DEM JOB ZUM SPORTFEST MEINES SOHNES FAHREN...

ICH BEZAHL, WAS IHR VERLANGT.

WIE?

ZWEI MEINER NEUEN RE-KRUTEN, BOSS. SIE WOLLTEN SICH GERN VORSTELLEN.

KOMOTO, WAS SIND DAS FÜR JUNGS?

HRMPP

GWU-
AHAHA-
HAHA!!

OH! KOMO-
TO GIBT DEN
GROSSEN
ZAMPANO, HM?
DEIN EIGENES
TEAM, NICHT
SCHLECHT!

A...AH
JA...

ABER
WESHALB
ICH DICH
HERBE-
STELLT
HABE...

EH, NA
JA, WIE
MAN'S
NIMMT.

WAS GLOTZT DER JUNGE MICH DIE GANZE ZEIT SO AN?

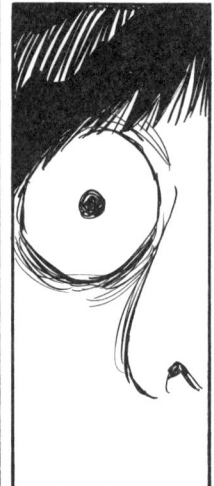

DU WEISST, ICH HATTE IMMER EIN AUGE AUF DICH. HAB DIR IMMER GEHOLFEN...

JA, DAFÜR BIN ICH SEHR DANKBAR.

SO...?

MEIN VORGÄNGER HAT MIR VIEL GUTES VON DIR ERZÄHLT, KOMOTO.

NEHMEN SIE ES IHM NICHT ÜBEL, BOSS. ER GUCKT IMMER ETWAS SCHRÄG...

JEMAND WIE DU WÜRDE MICH NIE HINTERGEHEN.

JA. MEINTE, DU BIST EINER, DEM ICH VERTRAUEN KANN.

ICH MÖCHTE DIR EINEN POSTEN IN DER EXEKUTIVE ANBIETEN.

OH, ÄHM...

KIKUCHI KANNST DU IN DER PFEIFE RAUCHEN.

AH... ABER...

WIE?!

NUN GUCK NICHT SO, ALS HÄTTE DIE TAUBE EIN BLASROHR IM ARSCH!

DIE LEUTE REDEN. EINIGE BEHAUPTEN, ER STECKE HINTER DEM MORD AN NOMIYA...

ICH TRAUE IHM NICHT ÜBER DEN WEG.

WENN'S STIMMT, BIN ICH VIELLEICHT DER NÄCHSTE AUF DER LISTE.

!!

URGH ...

WARTE, NICHT!

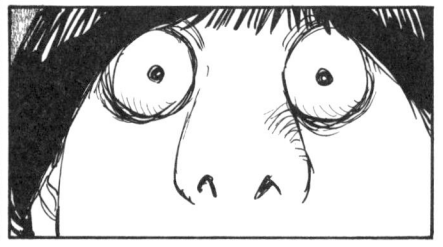

NEIN! STOPP!

URGH ...

ARGH ...

WAS?!
WO
STECKT
DER?

WAREN
NICHT KO-
MOTO UND
SEINE ZWEI
REKRUTEN
DA?

D...DER
BOSS IST
UMGE-
KIPPT!!

RUFT
SOFORT
EINEN
KRAN-
KEN-
WAGEN!

FINDET
KOMO-
TO!

SUCHT
NACH
IHNEN!

HIAH!

SCHNELL, ZUM WAGEN!

UND?

WIE IST ES GELAUFEN?

... DEN BOSS GETÖTET?

HABEN SIE...

KIKU-CHI...

JA?

SIE WAREN ES!

HAHA! WAS FÜR EIN SCHWACH-SINN!

FAHR... ZUM SPORT-FEST... BITTE...

ICH MACH'S NICHT MEHR LANGE...

FUCK! WAS MACHEN WIR JETZT? DAS IST ABSOLUTE OBERKACKE!

WIRD ER STERBEN?

WAS?! DAMIYAN, WIE SIEHT DIE WUNDE AUS?

UND DAMIT BEGINNT NUN AUCH DER 50-METER-LAUF FÜR UNSERE JUNGEN ATHLETEN AUS DEM VIERTEN JAHR!

YEEEAAAAHH

LOS!!

FER-TIG...

AUF DIE PLÄTZE!

HÖRT MIR ZU! BEIM NÄCHSTEN LAUF MUSS ES PASSIEREN!

SIE VERLIEREN ZU VIEL BLUT, MANN! SIE MÜSSEN INS KRANKENHAUS...

SHO! VIEL GLÜCK!

DU SCHAFFST DAS, KO!

...FERTIG...

AUF DIE PLÄTZE...

LASS IHN STOLPERN!

DER GROSSE JUNGE DA...

GIB ALLES, KENTA!

DAMIYAN SAGT, WENN WIR...

... IHRE BLUTUNG NICHT STOPPEN, WAR'S DAS.

WAS?

MEIN LEBEN IST MIR SCHEISS-EGAL! ABER DER JUNGE MUSS ZU BO-DEN GEHEN!

ENTSCHEIDEN SIE SICH. SOLL DER JUNGE STOLPERN ODER SOLLEN ' WIR IHRE BLU-TUNG STOPPEN?

AALAATAATAH

BLAM!!

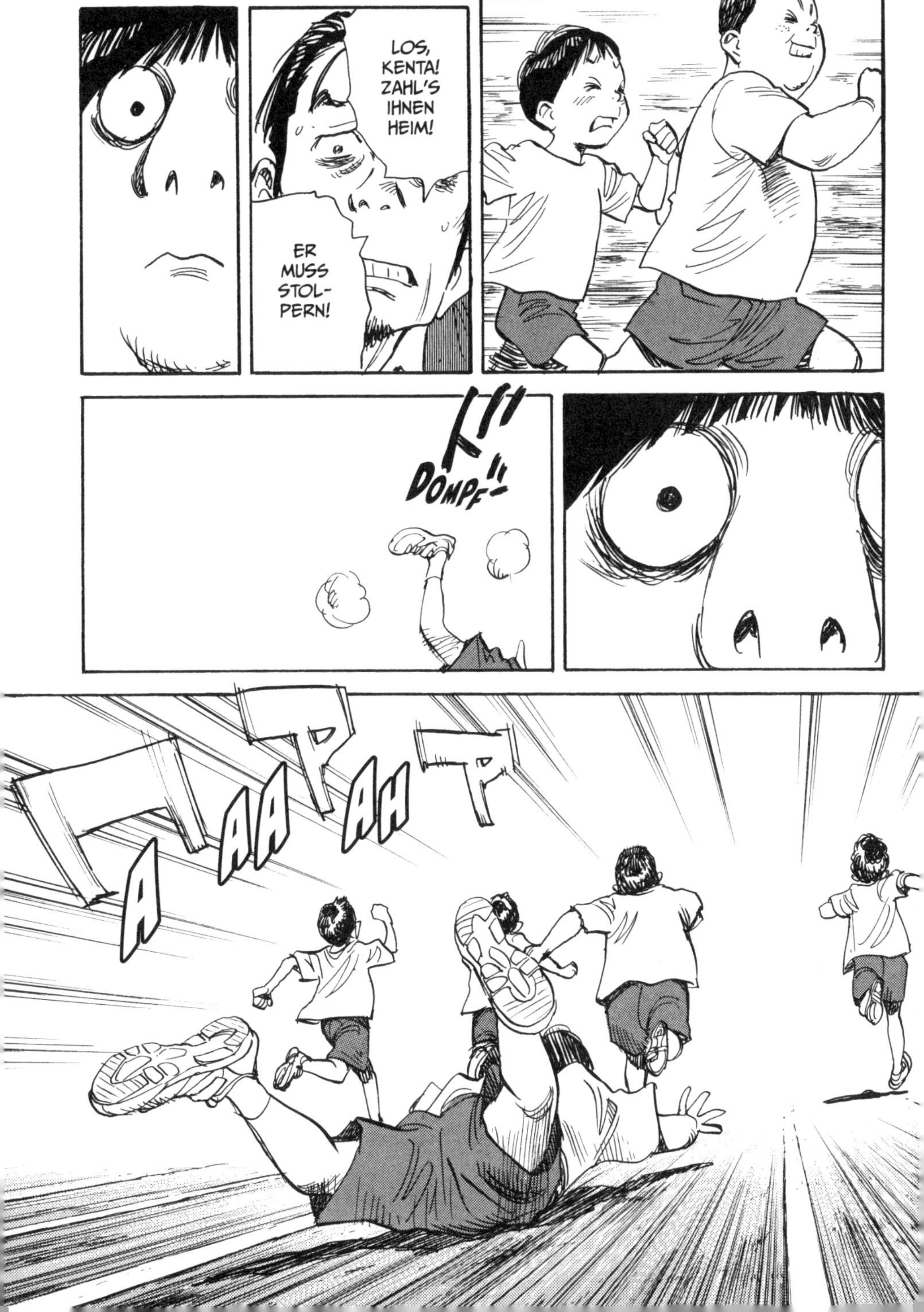

LOS, KENTA! ZAHL'S IHNEN HEIM!
ER MUSS STOL-PERN!
DOMPF!!
AAAAAHH

SPINNST DU?! DAS WAR DER FALSCHE!

NICHT BEWEGEN, SIE VERBLUTEN!

DAS WAR MEIN SOHN!

ICH BRING DICH UM, DU KLEINE RATTE!

HM...?

KENTA
...

OOOH

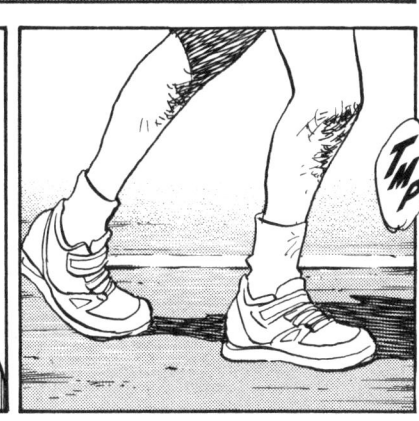

TMP

TMP

TRAPP

DAFÜR HAT ER IHRE BLUTUNG GESTOPPT.

IHR SOHN IST VON ALLEIN GE-STÜRZT. DAMIYAN HAT NICHTS DAMIT ZU TUN.

KENTA ...

KLAPP KLAPP KLAPP KLAPP

DER JUNGE IST EIN KÄMP-FER UND BEISST SICH DURCH, HIER GENAU WIE SPÄTER IM LEBEN.

...

KLAPP
KLAPP
KLAPP
KLAPP

WIR WÄREN SCHÖN AN-GESCHMIERT, WENN SIE UNS HIER ABKRATZEN.

ALSO WERFEN SIE IHR LE-BEN NICHT EINFACH SO WEG.

DAS WAR DER DEAL. ALSO RÜCKEN SIE DIE MONETEN RAUS.

WIR KRIEGEN NÄMLICH NOCH KOHLE VON IHNEN. FÜR DEN YAKUZABOSS UND FÜR DAS SPORTFEST.

KENTA KOMOTO AUS DEM VIERTEN JAHR, KLASSE 2, HAT ES ÜBER DIE ZIELLINIE GESCHAFFT! EINEN GROSSEN APPLAUS FÜR DEN TAPFEREN KENTA!

KLAPP
KLAPP
KLAPP
KLAPP
KLAPP
KLAPP
KLAPP
KLAPP
KLAPP
KLAPP
KLAPP
KLAPP
KLAPP
KLAPP
KLAPP
KLAPP
KLAPP
KLAPP

HATSCHI!
Naoki Urasawa
KURZE GESCHICHTEN

Wirf das Ding Richtung Mond!

(Story in Zusammenarbeit mit: Takahashi Nagasaki)

Erstveröffentlichung:
Aera Mook, zur Jubiläumsausgabe des zehnjährigen
Bestehens des Osamu-Tezuka-Kulturpreises –
Aera Comic Nippon no Manga, Oktober 2006,
K. K. Asahi Shimbun-sha

HEHE, TRÄUM WEITER!

HIER-GEBLIE-BEN, DU FRECHER APFEL-DIEB!

AH... HALLO?

SIND SIE
TOT...?

WIRF DAS DING
RICHTUNG MOND!

PACK

AAAH!

DIESE
ÄPFEL
...

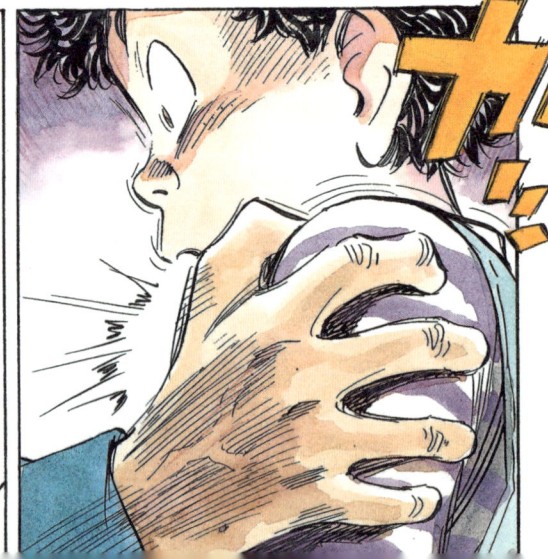

... ÄPFELN ...

GIB MIR EINEN VON DEINEN ...

WAS ...?

SIE MÜSSEN JA EINEN BÄREN- HUNGER HABEN.

KRATSCH WHRAM KRATSCH KRATSCH

KRATSCH

WOLLEN SIE NOCH EINEN?

HEHE ...

ICH VER- DANKE DIR MEIN LE- BEN.

JUNGE... EINES TAGES...

... WIRST DU DEN PULITZER-PREIS GE-WINNEN!

WAS IST?

PUBLIT-ZER? WAS IST DAS?

W A S ...?

ICH WILL PITCHER IN DER MAJOR LEAGUE WERDEN!

ZEITUNGS-FRITZE? NEE! ICH WILL NICHT FÜR DIE ZEITUNG AR-BEITEN!

GRATU-LIERE!

DAS IST DER BE-DEUTENDS-TE PREIS FÜR JOUR-NALISTEN.

PFF!

HÄ?

DANN ZEIG MAL WIE DU WIRFST.

... KANNST DU GLEICH RICHTUNG MOND ZIELEN UND BIST BESSER DRAN!

BEI SO WENIG BALLKONTROLLE ...

MEHR KANNST DU NICHT? TSS, WENN'S DRAUFANKOMMT ...

DER BALL IST MIR AUS DER HAND GERUTSCHT!

WAS? NEE! DER WURF ZÄHLT NICHT!

HÖR MIR JETZT GUT ZU... HAB IMMER EINEN APFEL IN DER TASCHE, EGAL WO DU BIST.

...

DU HAST MIR DAS LEBEN GERETTET. LASS MICH DIR ETWAS MIT AUF DEN WEG GEBEN.

... UND GRÄBST DEM FERKEL EIN GRAB!

DU LÄUFST DURCH DAS HERZFÖRMIGE TOR...

WENN EIN WEG NACH LINKS FÜHRT, GEHST DU NACH RECHTS UND GLEICH NOCH MAL RECHTS.

PAT

... PROPHE-
ZEIEN SIE
DANN NICHT
IHRE EIGE-
NE?

HÄ? ABER
WENN SIE
DIE ZUKUNFT
KENNEN,
WIESO...

W
A
S
...?!

TU, WAS
ICH DIR EBEN
GESAGT
HABE, UND DU
GEWINNST
DEN PREIS.

... ALS
UNBE-
KANNTER
NIEMAND
STERBEN.

ICH
WERDE
...

MEINE
ZU-
KUNFT
?

ZUM
TEUFEL
MIT DEM
PULITZER-
PREIS!

UND JETZT SITZE ICH HIER IN DER PROVINZ ALS REDAKTEUR FÜR TODESANZEIGEN...

ICH HAB GETAN, WAS DER ALTE SACK GESAGT HAT, UND BIN JOURNALIST GEWORDEN!

New Hampshire
Hampty TIMES

TAK TAK TAK

... BEI EINEM DRITTKLASSIGEN SCHMIERBLATT!!

HM? EIN HOLLYWOOD-STAR...?

DABEI HATTE ICH MICH ZUERST IN RASANTEM TEMPO VOM BLUTIGEN NEWCOMER ZUM ERFOLGREICHEN STARREPORTER DER NEW YORK TIMES HOCHGEARBEITET.

JESSE, DAS SIND DIE ANFRAGEN DER AGENTUREN FÜR DIE KOMMENDEN NACHRUFE.

HAT IN ÜBER 200 B-MOVIES MEISTENS WERWÖLFE ODER WASSERMÄNNER ODER SO ETWAS GESPIELT...

FWAPP

JAJA, LEG HIN...

R FIRST LADY
CHINESE SPY!

»UNSE-
RE FIRST
LADY IST IN
WAHRHEIT
EINE CHI-
NESISCHE
SPIONIN!«

FÜNF JAHRE
IST DAS JETZT
HER... ICH
DACHTE, ICH
HÄTTE DEN
KNÜLLER DES
JAHRHUNDERTS
ENTDECKT! DIE
BRANDHEIS-
SESTE STORY
ALLER ZEITEN,
DIE MIR AUF JE-
DEN FALL DEN
PULITZERPREIS
BESCHEREN
WÜRDE!

IM ERNST?
EIN MASKEN-
DARSTELLER?
PFF...

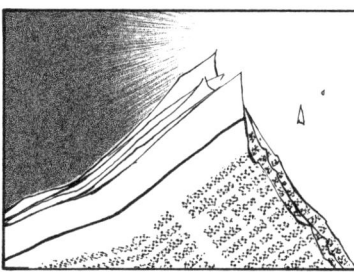

LEIDER
STELLTE SICH
DIE MELDUNG
ALS ENTE
HERAUS...

JESSE, MACH
'NE BERÜHMTHEIT
AUS IHM. SCHREIB,
IN SEINER HEIMAT
HERRSCHE STAATS-
TRAUER. SO WAS
ZIEHT!

TJA, UND
DANK MEINES
FILMREIFEN
NIEDER-
GANGS ALS
REPORTER...

ABER
NICHTS
HINZU-
DICHTEN,
KLAR?!

... SITZE
ICH NUN HIER
UND SCHREIBE
STILL UND LEI-
SE MEINE FÜNF,
SECHS ZEI-
LEN ÜBER ALL
DIE KLEINEN
LEUTCHEN, DIE
VOM LIEBEN
HERRGOTT INS
HIMMELREICH
GERUFEN
WURDEN.

WAS?

HM?

AAAH, WIESO STERBT IHR ALLE WIE DIE FLIEGEN? DA KOMMT DOCH KEIN SCHWEIN HINTERHER!

PAFLAPP

... IST VER-STOR-BEN?

LENNY ZINNEMANN, EIN BEGABTES MEDIUM, DAS DEM FBI BEI ZAHLREI-CHEN ERMITTLUN-GEN MIT RAT UND TAT ZUR SEITE STAND...

HÄ? DAS GIBT'S DOCH NICHT!

WANN WAR DER TODES-TAG?

SIE HATTEN UNS PER FAX EINE ANFRA-GE FÜR EINE TODESAN-ZEIGE GE-SCHICKT...

JA, HALLO, REDAKTION DER NEW HAMPSHIRE HAMPTY TIMES AM APPARAT...

MOMENT MAL! IST DAS NICHT DER ALTE VON DAMALS?!

... HEUTE HABEN WIR ERST DEN 13.!

DANN KANN ER JA NOCH NICHT TOT SEIN, ODER?

AH, SIE MEINEN FÜR LENNY ZINNEMANN?

GENAU. HIER STEHT, ER STARB AM 20. OKTOBER, ABER...

WAS? NEIN, NEIN, DAS VERSTEHEN SIE FALSCH... UNSER KUNDE HAT AUSDRÜCKLICH DEN WUNSCH GEÄUSSERT, DASS DER NACHRUF VON EINEM BLATT VERFASST WIRD, DAS NICHT MEHR ALS FÜNF DOLLAR PRO ZEILE VERLANGT. IHR VERLAG WAR DER EINZIGE, DER ZU DERART GÜNSTIGEN KONDITIONEN ARBEITET...

WIE?! SOLL DAS EIN SCHERZ SEIN? UND AUSGERECHNET ICH SOLL JETZT SEINEN NACHRUF VERFASSEN?

KORREKT. ER HAT FÜR DIESES DATUM SEIN ABLEBEN PROPHEZEIT UND UM EINE ANZEIGE GEBETEN.

INZWISCHEN LIEGT LENNY ZINNEMANN IM KOMA...

WIE BITTE?

WILL DER ALTE KAUZ MICH ERNSTHAFT BIS ZUM SCHLUSS AN DER NASE HERUMFÜHREN?! DAS KANN'S JA NICHT SEIN!

...

UND OBWOHL ZINNEMANNS FÄHIGKEITEN DEM FBI BEI ZAHLREICHEN ERMITTLUNGEN GROSSE DIENSTE ERWIESEN HAT (ALS OB!)...

... HAT DER ALTE BEI DER LÖSUNG DES MORDFALLS AN ANGELA QUEEN GEHOLFEN (WIRKLICH?) UND AUCH MASSGEBLICH ZUR AUFKLÄRUNG DES PLÖTZLICHEN VERSCHWINDENS DES ABGEORDNETEN FULLER BEIGETRAGEN (WIRKLICH?).

SCHENKT MAN DEM KURZEN LEBENSLAUF, DEN ER SELBST VERFASST HAT, GLAUBEN...

GRUNDLOS BESCHULDIGT...?

... WURDE ER NACH DEN MORDFÄLLEN IN DER GRANITE BANK GRUNDLOS ALS MITTÄTER BESCHULDIGT. ER MUSSTE SICH AUS DEN ERMITTLUNGEN ZURÜCKZIEHEN UND SEINEN JOB BALD AN DEN NAGEL HÄNGEN...

DIE MORDE IN DER GRANITE BANK... MAL SEHEN... GRANITE, GRANITE... AH, DA HABEN WIR SIE JA!

DAS BEZWEIFLE ICH. ES HAT MIT SICHERHEIT EINEN GRUND GEGEBEN!

BAMM

NUR DER MANAGER UND DER MITARBEITER X ÜBERLEBTEN DEN VORFALL.

SECHS MITARBEITER TRANKEN WASSER AUS EINEM MIT GIFT VERUNREINIGTEN WASSERSPENDER, WAS VIER VON IHNEN MIT DEM LEBEN BEZAHLTEN...

DAS GANZE EREIGNETE SICH VOR ZEHN JAHREN IN DER HAUPTNIEDERLASSUNG DER GRANITE BANK IN ILLINOIS, CHICAGO...

EIN SCHATZ MIT EINEM MARKTWERT VON 300 MILLIONEN DOLLAR!

ZUR SELBEN ZEIT VERSCHWAND DER GEHEIMNISUMWOBENE SCHATZ DER INKA, »DER FROSCH VON TITICACA«, AUS DEM TRESOR DER GRANITE BANK.

BALD DARAUF NAHMEN DIE ERMITTLER DIE EINZIGEN ÜBERLEBENDEN DES VORFALLS...

... DEN LEITER DER NIEDERLASSUNG UND MITARBEITER X, INS VISIER.

DER VERDACHT FIEL ZUNÄCHST AUF DEN EIGENTÜMER, HERRN MALKOVICH. MAN GING DAVON AUS, DASS ER FÜR DEN VERLUST HOHE VERSICHERUNGSSUMMEN KASSIEREN WÜRDE. DOCH ES GAB KEINE STICHHALTIGEN BEWEISE FÜR DIESE THEORIE.

... UND AUCH MITARBEITER X WAR EIN REDLICHER MANN OHNE FINANZIELLE SCHWIERIGKEITEN.

HERR MARKUS, STAND BEREITS ALS NÄCHSTER STELLVERTRETENDER DIREKTOR FEST...

NA BITTE! DA HABEN WIR JA DEN ALTEN SCHARLATAN!

SO GRIFF DAS FBI DAMALS ZUM LETZTEN PROBATEN MITTEL UND BAT DEN HELLSEHER LENNY ZINNEMANN INOFFIZIELL UM HILFE.

DA ES KEINE WEITEREN VERDÄCHTIGEN GAB, GERIETEN DIE ERMITTLUNGEN INS STOCKEN UND VERLIEFEN SCHLIESSLICH IM SANDE...

... VERÖFFENTLICHTE UNSER MEDIUM ZINNEMANN EIN BUCH MIT DEM TITEL...

THE MOMENT OF TRUTH

LENNY ZINNEMANN

... »DER MOMENT DER WAHRHEIT«!

NACH ZWEI JAHREN OHNE NEUE INDIZIEN WURDEN DIE ERMITTLUNGEN ENDGÜLTIG EINGESTELLT.

EIN JAHR SPÄTER ALLERDINGS...

... ALS MITARBEITER X AN DEN PRANGER!

ALS TÄTER STELLTE ER NIEMAND GERINGEREN...

WIE DER TITEL ERAHNEN LÄSST, SCHILDERT ZINNEMANN DARIN SEINE GANZ EIGENE WAHRHEIT ÜBER DIE MORDE IN DER GRANITE BANK.

UNMITTELBAR NACH DEN MORDEN WURDE EINE HOHE SUMME AUF EIN KONTO ÜBERWIESEN, DAS AUF DEN NAMEN DES MITARBEITERS X LIEF...

ER BEHAUPTETE, EIN MANN MIT GLATZE HÄTTE DIE MORDE GEPLANT UND MITARBEITER X NUR ALS HELFERSHELFER ANGESTIFTET, UM SICH SELBST DIE FINGER NICHT SCHMUTZIG ZU MACHEN.

AM MERKWÜRDIGSTEN ABER WAR, DASS KEINE FÜNFZIG METER VOR DER BUCHHANDLUNG...

ANLÄSSLICH DER BUCHVERÖFFENTLICHUNG WURDE IN EINER CHICAGOER BUCHHANDLUNG EINE SIGNIERSTUNDE MIT DEM AUTOR VERANSTALTET, DIE FÜR REICHLICH PUBLICITY UND EINEN KLEINEN MEDIENRUMMEL GESORGT HAT.

... MITARBEITER X VON EINEM AUTO ERFASST WURDE UND DABEI UMS LEBEN KAM.

ER WAR GEKOMMEN, UM DER WELT SEINE UNSCHULD ZU BEWEISEN.

IN DER HAND HIELT ER EINE GERAHMTE SIEGERURKUNDE EINES WETTBEWERBS FÜR ROSENZÜCHTER.

DANACH ZOGEN DIE BUCHLÄDEN »THE MOMENT OF TRUTH« SOFORT KOMMENTARLOS AUS DEM VERKEHR...

... UND LENNY ZINNEMANN VERSCHWAND IN GÄNZE AUS DER ÖFFENTLICHKEIT.

WIIUU WIIUU WIIUU

DAS GELD, DAS DAMALS AUF SEIN KONTO ÜBERWIESEN WURDE, WAR LETZTLICH NUR DAS PREISGELD AUS BESAGTEM WETTBEWERB.

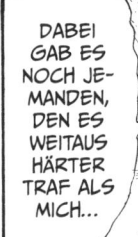

DABEI GAB ES NOCH JE- MANDEN, DEN ES WEITAUS HÄRTER TRAF ALS MICH...

UND ICH DACHTE IMMER, ICH WÄRE SEIN GRÖSSTES OPFER GE- WESEN...

SCHLIMM, SCHLIMM ...

... OHNE SCHLECHTES GEWISSEN EI- NEN NACHRUF FÜR DIESEN SCHARLATAN VERFASSEN?!

ICH GLAU- BE DAS ALLES NICHT. UND JETZT SOLL ICH...

VROOM

ICH SOLLTE LIEBER DIE WAHRHEIT SCHREIBEN UND DEN UNHOLD FÜR SEINE SCHANDTATEN ANKLAGEN!

PO NK PO NK

JA! DAS WERDE ICH TUN!

HÖR MIR JETZT GUT ZU... HAB IMMER EI-NEN APFEL IN DER TA-SCHE, EGAL WO DU BIST.

EIN APFEL...

ICH WERDE DIR BEWEISEN, WAS FÜR EIN MIESER HOCH-STAPLER DU BIST!

...

WENN EIN WEG NACH LINKS FÜHRT, GEHST DU NACH RECHTS UND GLEICH NOCH MAL RECHTS!

PASS NUR AUF! ICH BIEG RECHTS AB UND NICHTS WIRD PASSIEREN, HÖRST DU? NICHTS!

UND WIEDER RECHTS UND WIEDER RECHTS UND NI...

GOTTVER-
FLUCHT! DER
ALTE HATTE
RECHT...
NUR LEIDER
KAM NICHTS
GUTES FÜR
MICH DABEI
HERAUS!

LERNE
ICH EIGENT-
LICH NIE AUS
MEINEN FEH-
LERN?

AUA...

GUTE
BESSE-
RUNG!

HM?

AH, STIMMT...
HIER BAUEN SIE
EINE NEUE AUTO-
BAHN, DARUM WER-
DEN ALLE GEBÄUDE
ABGERISSEN...

WO FRÜHER
DIE GRANITE
BANK STAND,
IST JETZT
NUR NOCH
EIN HAUFEN
SCHUTT UND
BETON...

DU
LÄUFST
DURCH
DAS HERZ-
FÖRMIGE
TOR...

ALS
OB!

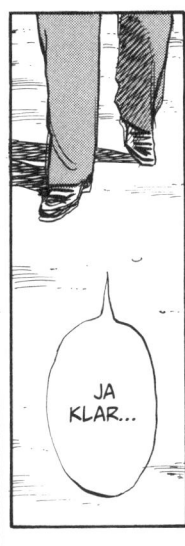

JA
KLAR...

VERAR-
SCHEN
KANN
ICH MICH
SELBST
...

!

... UND
GRÄBST
DEM FER-
KEL EIN
GRAB!

PUH...

WAS TU ICH HIER EIGENT- LICH...?

ES IST NICHTS, ÄHM... NUR WEIL EIN SCHARLATAN MIR MAL GE- SAGT HAT...

O... OH, VERZEI- HUNG!

!!

HE, WAS MACHEN SIE DA?!

... DER MA-
NAGER DER
GRANITE BANK
IN CHICAGO?

HM? S...
SIND SIE
NICHT...

GRABEN
SIE WEI-
TER!

W... WAS
MACHEN
SIE HIER?

DAS
GEHT SIE
NICHTS
AN...

URGH
...!

SCHNEL-
LER!
WIRD'S
BALD!

?!

KRACK

DA IST ETWAS!

KRACK

KRACK

AH...

KLONK

KLONK

KLONK

D... DAS IST DOCH...

HEBEN SIE ES RAUS UND BRINGEN SIE ES HER! ES GEHÖRT MIR.

BRAVO. GUTE ARBEIT.

... WAR ICH BEREITS VIZE, INZWISCHEN BIN ICH VORSTAND UND DIREKTOR UNSERER BANK.

SIE DACHTEN, ICH SEI DER MANAGER DER ZWEIGSTELLE IN CHICAGO, DOCH KURZ NACH DEM VORFALL...

... »DER FROSCH VON TITICACA«!

WO KÖNNTE MAN EINEN SCHATZ BESSER VERGRABEN ALS UNTER EINER ZUKÜNFTIGEN RUINE, NICHT WAHR?

DAMALS BEFAND SICH BEREITS EINE WEITERE ZWEIGSTELLE IN PLANUNG, DOCH ICH HABE MEINEN VORGESETZTEN NICHTS VON DEM BAUVORHABEN ERZÄHLT.

EIN KONGRESSABGEORDNETER ERZÄHLTE MIR VOR ZEHN JAHREN, DASS EINE AUTOBAHNSTRECKE FÜR DIESES BAUGEBIET GEPLANT SEI.

... WAR GAR NICHT DER TÄTER?

HEISST DAS, MITARBEITER X...

SIE WAREN DOCH BEREITS AUF DEM BESTEN WEG, DIE KARRIERELEITER BIS GANZ NACH OBEN ZU ERKLIMMEN?!

ABER WIESO?!

DER GUTE ANDY... TJA... ICH HÄTTE LIEBEND GERN MIT IHM GETEILT... ABER NACHDEM ER IN PANIK GERIET WEGEN EIN PAAR PROPHEZEIUNGEN EINES DAHERGELAUFENEN SCHARLATANS...

ES WAR DIE LANGEWEILE. DER ENNUI DES LEBENS! ANDY UND ICH WOLLTEN DER EINTÖNIGKEIT EIN SCHNIPPCHEN SCHLAGEN... UND LIESSEN UNS HINREISSEN...

ALLES NUR ZEITVERTREIB.

WAS?

WIR HABEN DEN COUP GEMEINSAM GEPLANT.

ALS KURZWEILIGES VERGNÜGEN...

TROTZDEM KANN ICH MIT MEINER ARBEIT TÄGLICH ZEUGNIS DAVON GEBEN, WAS MENSCHEN IN IHREM LEBEN GELEISTET HABEN. EINEN BEWEIS FÜR IHRE EXISTENZ.

ICH BIN NUR EIN LAUSIGER JOURNALIST, DER TAG FÜR TAG SEINE TODESANZEIGEN RUNTERRATTERT.

HÖREN SIE...

AUS ERFAHRUNG KANN ICH IHNEN EINS VERSICHERN... NIRGENDWO AUF DIESER WELT VERDIENT EIN MENSCH ES, AUS SPASS VON EINEM ANDEREN MENSCHEN GETÖTET ZU WERDEN!

UND DAS GILT FÜR JEDE UND JEDEN. UND WENN ES NUR EIN UNBEDEUTENDER MASKENDARSTELLER BEIM FILM IST, DESSEN WAHRES GESICHT WOHL KAUM EINER KENNT...

BEI SO WENIG BALL-KONTROLLE... KANNST DU GLEICH RICH-TUNG MOND ZIELEN UND BIST BESSER DRAN! GLAUB MIR!

GRAPP

SIE SIND EIN LAUSIGER REPOR-TER, EIN NIEMAND, UND ALS NIEMAND WERDEN SIE AUCH STERBEN!

IMMER RICH-TUNG LUNA!!

FWSSH

UAAH !!!

AAH! DIE WOLKEN VERDECKEN IHN...

HÄ...?

NGAH!

BWACK

VON WEGEN NULL BALLGEFÜHL!

D...DAS WAR VOLL AUF DIE ZWÖLF!

AH...!

DAS WAR ES! ICH SOLLTE RICHTUNG MOND ZIELEN...

EIN MANN MIT GLATZE HAT IM HINTERGRUND DIE FÄDEN GESPONNEN...

EINE GLATZE... SO KAHL UND KARG WIE DER VOLLMOND...

UND SO WAS VON VERDIENT! ERSTE UND ZWEITE AUFLAGE SIND KOMPLETT VERGRIFFEN!

D...D...DAS IST DER KNÜLLER SCHLECHTHIN!

AUA, NICHT SO FEST! MEIN KOPF!

WER BRAUCHT DIE NEW YORK TIMES, MEIN FREUND?! IN DIESEM MOMENT LIEST GANZ AMERIKA, ACH, WAS REDE ICH, DIE GANZE WELT UNSER BLATT! DIE HAMPTY TIMES!

UND JETZT NACHSCHUB, JESSE, NACHSCHUB! DAS MUSS RICHTIG RAPPELN IM KARTON! AB JETZT GIBT'S KNÜLLER AM LAUFENDEN BAND!

JAJA... ABWARTEN... ZUERST ...

JESSE, MERK DIR MEINE WORTE: DAFÜR VERLEIHEN SIE DIR DEN PULITZER-PREIS!

ICH MUSS NOCH EINEN NACHRUF VERFASSEN.

HÄ? WAS DENN BITTE SCHÖN?

... HABE ICH ETWAS ANDERES ZU ERLEDIGEN.

WIE?

HEUTE IST DER 20. OKTOBER... ICH WURDE HEUTE MORGEN SCHON BENACHRICHTIGT...

JESSE, DU KANNST DOCH JETZT KEINE NACHRUFE SCHREIBEN! DER TOD IST ZWEITRANGIG GEWORDEN! WIR HABEN VIEL WICHTIGERES ZU TUN!

ER IST HEUTE VERSTORBEN. GENAU WIE ER ES PROPHEZEIT HATTE.

ES GAB NUR EINE SACHE...

MIT SEINEN ERSTAUNLICHEN FÄHIGKEITEN UNTERSTÜTZTE ER DAS FBI BEI DER AUFKLÄRUNG ZAHLREICHER VERBRECHEN. SEINE PRO-PHEZEIUNGEN KONNTEN VIELEN MENSCHEN HELFEN.«

»LENNY ZINNEMANN, EIN BE-GNADETER HELLSEHER, STARB IM ALTER VON 98 JAHREN.

ICH WERDE... ALS UNBE-KANNTER NIEMAND STERBEN.

... DIE DU NICHT VORHER-SEHEN KONN-TEST...

ICH HABE DICH ZUM »GRÖSSTEN HELLSEHER ALLER ZEITEN« ERNANNT... ALS UNBEKANN-TER WIRST DU NICHT IN DIE GESCHICHTE EINGEHEN.

The most famous psychic in history after all

KLACK

Die alten Knacker

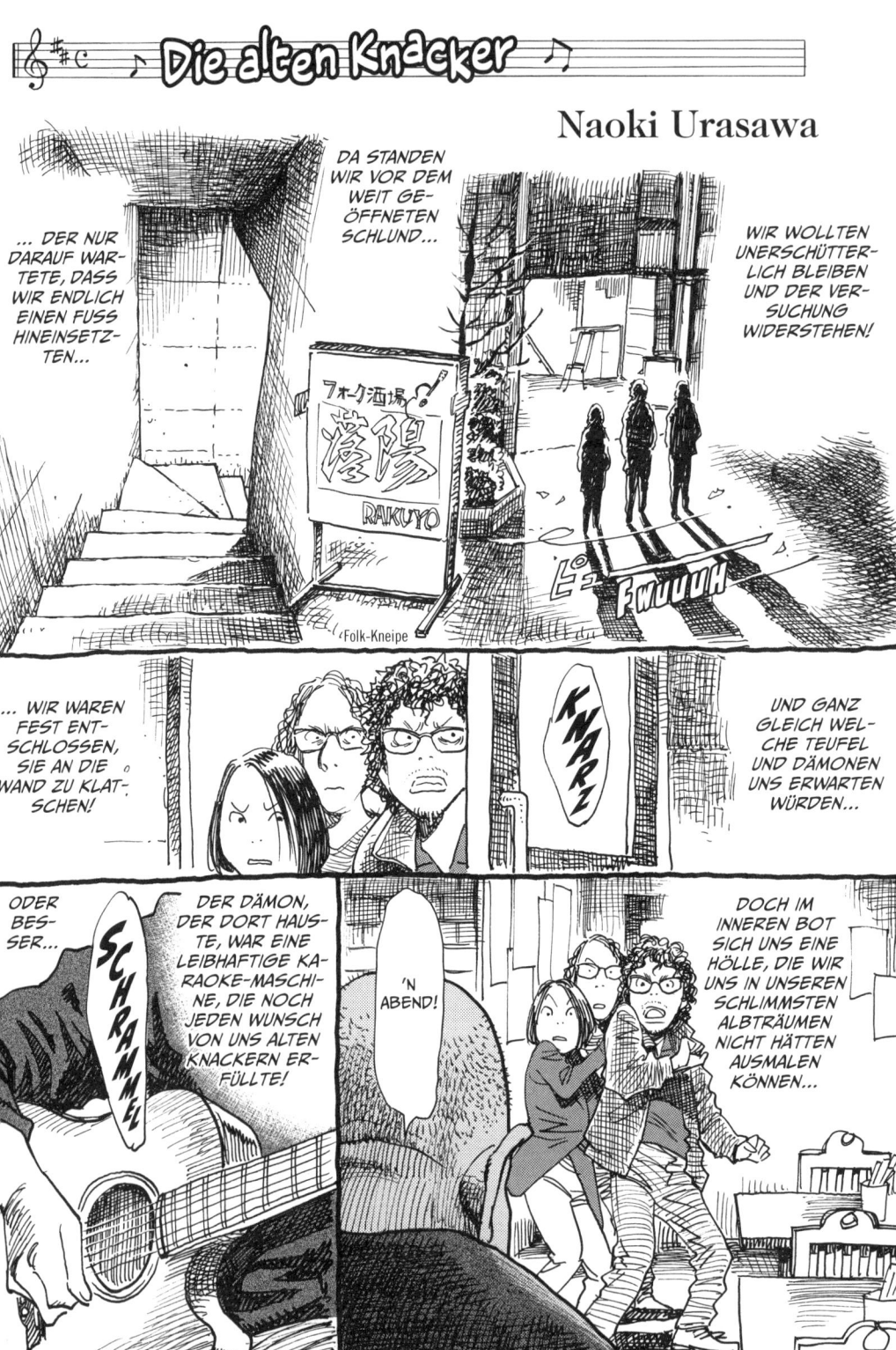

MIT SEINEN KRÄFTEN UMGARNTE ER AUFRECHTE UND TUGENDHAFTE MÄNNER UND KNÖPFTE IHNEN FRECH IHRE GITARREN AB.

DIESER DÄMON WAR EIN GERISSENER HUND! BEWAFFNET MIT SEINER GITARRE ZOG ER JEDEN, MUSIKER ODER NICHT, IN SEINEN BANN!

... EIN ECHTER TEUFEL DER FOLKMUSIC, DAS JEDEM ALTEN SACK DEN GARAUS MACHTE, INDEM ER IHN MIT SEINEM GEKLIMPER IN DIE DUNKELHEIT DER SHOWA-ÄRA ZURÜCK-ZERRTE!

Folksong-Sammlung

ES LAGEN STETS LESEBRILLEN GRIFFBEREIT, UM NOCH DIE MICKRIGSTEN NOTENBLÄTTER ENTZIFFERN ZU KÖNNEN.

SO LIEF DAS AB IN DIESER FURCHT-ERREGENDEN FOLK-KNEIPE!

Lass Haar und Bart wachseeen!

ARMER E-GUCHI! WELCHES SCHICKSAL WIRD IHN ALS GEFANGENEN DES HÖLLEN-REICHS EREILEN?

Haaah... So eine Freude!

VON ANFANG BIS ENDE SAHEN N-GAWA UND U-SAWA SICH EINER SONG-HÖLLE AUS-GESETZT, AUS DER ES KEIN ENTRINNEN GAB.

WAAAAAH

... Dylan und sein Bassist Tony auf die Bühne kamen.

Bis schließlich...

Die Menge wurde unruhig, es gab kein Anzeichen, dass die Show fortgesetzt werden konnte. Zwanzig Minuten vergingen...

Spielt weiter !!

BLA BLA BLA

Bob Dylan hatte länger nicht mehr auf der Bühne Gitarre gespielt, und kurz schien es, er würde sie in die Hand nehmen!

Sie blieben vor dem Drumset stehen und berieten sich eine Weile über die Gitarre, die dort lag...

Gitarre auf einem kleinen Verstärker

Ein Bob Dylan kann eben nichts falsch machen.

Schließlich konnte das Konzert fortgesetzt werden. Dylan trat routiniert wie eh und je ans Piano und lieferte eine fantastische Show ab!

KLAPP KLAPP KLAPP KLAPP KLAPP BAMM

Aber die beiden trotteten so unspektakulär, wie sie gekommen waren, wieder von der Bühne und die Menge brach in schallendes Gelächter aus!

Alle fragten sich, was da eben los war...

Häää?!

NEVER ENDING

Erstveröffentlichung:
Jump X, Ausgaben 5/2013,
2/2014 und 7/2014,
Shueisha

Henry und Charles

Erstveröffentlichung:
Okina Pocket, April 1995,
Fukuinkan Shoten

HENRY UND CHARLES

PST! NICHT SO LAUT! SONST WECKST DU SIE NOCH AUF!

DIE MIEZE-KATZE SCHLÄFT!

NICHT SO LAUT, HAB ICH GESAGT!

DAS IST UNSERE CHANCE, ENDLICH AN DAS LECKERE STÜCK TORTE ZU KOMMEN!

WIESO MUSS ICH ÜBERHAUPT MITKOMMEN?!

HE! W...WAS SOLL DAS WERDEN, CHARLES?!

OKAY! AUF, AUF, HENRY! ES GEHT LOS!

DU HAST JA WOHL KEINE ANGST, ODER?

WEIL ICH DAS NICHT ALLEIN SCHAFF, VIELLEICHT?

AUF MEINER EXPEDITION DURCH INDIEN BIN ICH 50 GEFRÄSSIGEN TIGERN ENTKOMMEN, ALS ICH EIN NAAN-BROT STIBITZT HABE!

VOR DIR STEHT HENRY, DER MÄUSERICH, DER ALLE WELTMEERE BEREIST HAT! ANGST IST EIN FREMDWORT FÜR MICH!

PFF! ANGST? I...ICH? NIEMALS, HAHA!

UND IN AFRIKA BIN ICH AN 100 LÖWEN VORBEIGESCHRAMMT UND HAB MICH WIE SPEEDY GONZALES MIT EINER BANANE AUS DEM STAUB GEMACHT!

WOW! KLASSE, HENRY! DU BIST ECHT 'NE COOLE SOCKE! DANN WIRST DU DICH DOCH VOR DEM STUBENTIGER NICHT FÜRCHTEN!

UGH!!

WAS? WIRKLICH? HM... ALSO... NA JA, EGAL, ES WA-REN JEDENFALLS VIELE!

WIE? WAREN'S BEIM LETZTEN MAL NICHT 30 TIGER UND 50 LÖWEN?

AH... ÄHM, JETZT WARTE DOCH!

MIT DIR AN MEINER SEITE, HENRY, SIND WIR SO STARK WIE 100 MÄUSE! ARHU! AUF IN DEN KAMPF!

Oooh! Wie schön! Erdbeer-torte! Kyaaah!

DIANA WÜRDE SICHER AUS ALLEN WOLKEN FALLEN, WENN ICH IHR EIN SCHÖNES STÜCK KUCHEN KRE-DENZE...

HIIH!

OB ICH 'NEN SCHLANKEN FUSS HINLEG UND EINFACH ABHAU...?

HAH... WAS MACH ICH DENN? DAS WAR ALLES BLOSS GELOGEN... ABER JETZT IST ES ZU SPÄT!

HM?

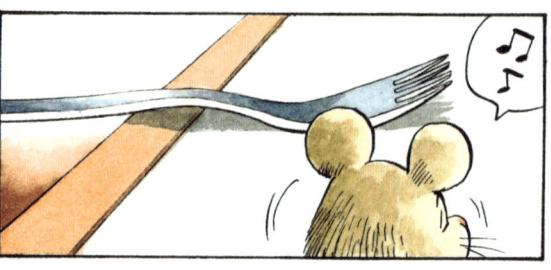

CHARLES! PASS AUF, WO DU HIN-TRITTST!

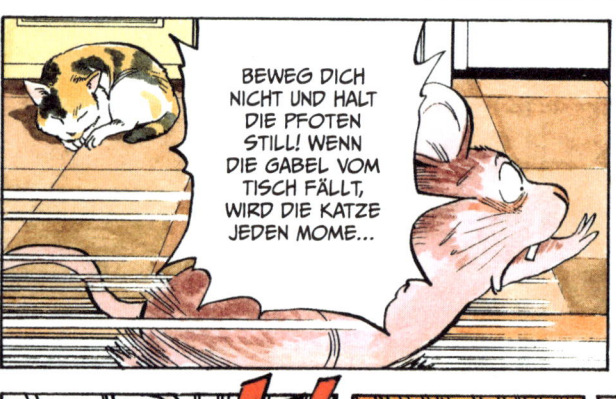

BEWEG DICH NICHT UND HALT DIE PFOTEN STILL! WENN DIE GABEL VOM TISCH FÄLLT, WIRD DIE KATZE JEDEN MOME...

HUAAH!

NEEIIN!

WAS?

H...HEN-RY, WAS MACHST DU DA?!

PIEPEGAL! ZIEH MICH HOCH, SCHNELL!

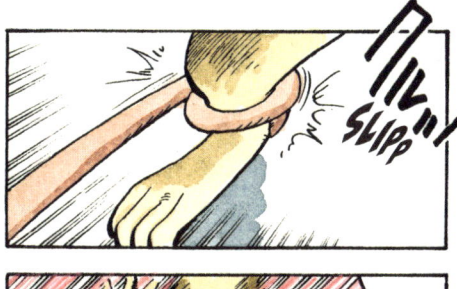

NUN MACH SCHON!

SCHNELL IST GUT! DU BIST SCHWER!

HÄ? AH... NEIN! WARTE!

EGAL! JETZT NUR KEINE MÜDIGKEIT VORSCHÜTZEN, WEITER GEHT'S!

NUN KOMM! IN NULL KOMMA NIX GEHÖRT DER KUCHEN UNS!

I...ICH? DAS BIST JA, WOHL EHER DU!

HUUH! UFF! DU KANNST EINEN ABER AUCH IN SCHWIERIGKEITEN BRINGEN!

Der Kuchen

LOS!

ÄHM... IN NULL KOMMA NIX?!

... INS ABENTEUER STÜRZT, BRAUCHT MAN EINEN AUSGEFEILTEN SCHLACHTPLAN!

DU NIMMST DAS ZU SEHR AUF DIE LEICHTE SCHULTER! BEVOR MAN SICH...

BOAH, GUCK DIR DEN TELLERBERG AN! KÖNNEN DIE NICHT MAL AUFRÄUMEN?!

WAS HAB ICH GESAGT? EIN EINZIGER HINDERNISPARCOURS!

ARGH!

HEY! CHARLES! HÖRST DU MIR EIGENTLICH ZU? CHARL...

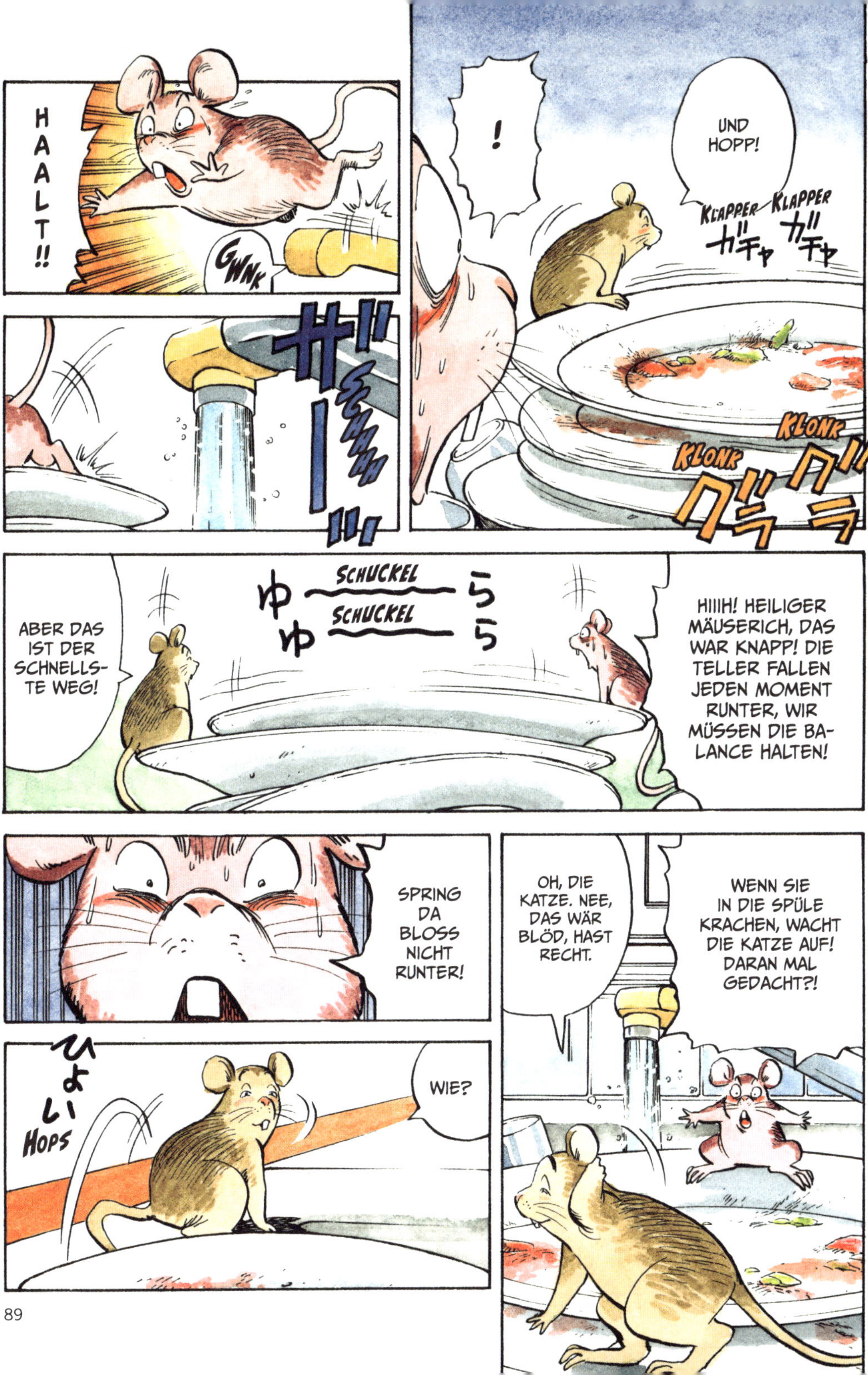

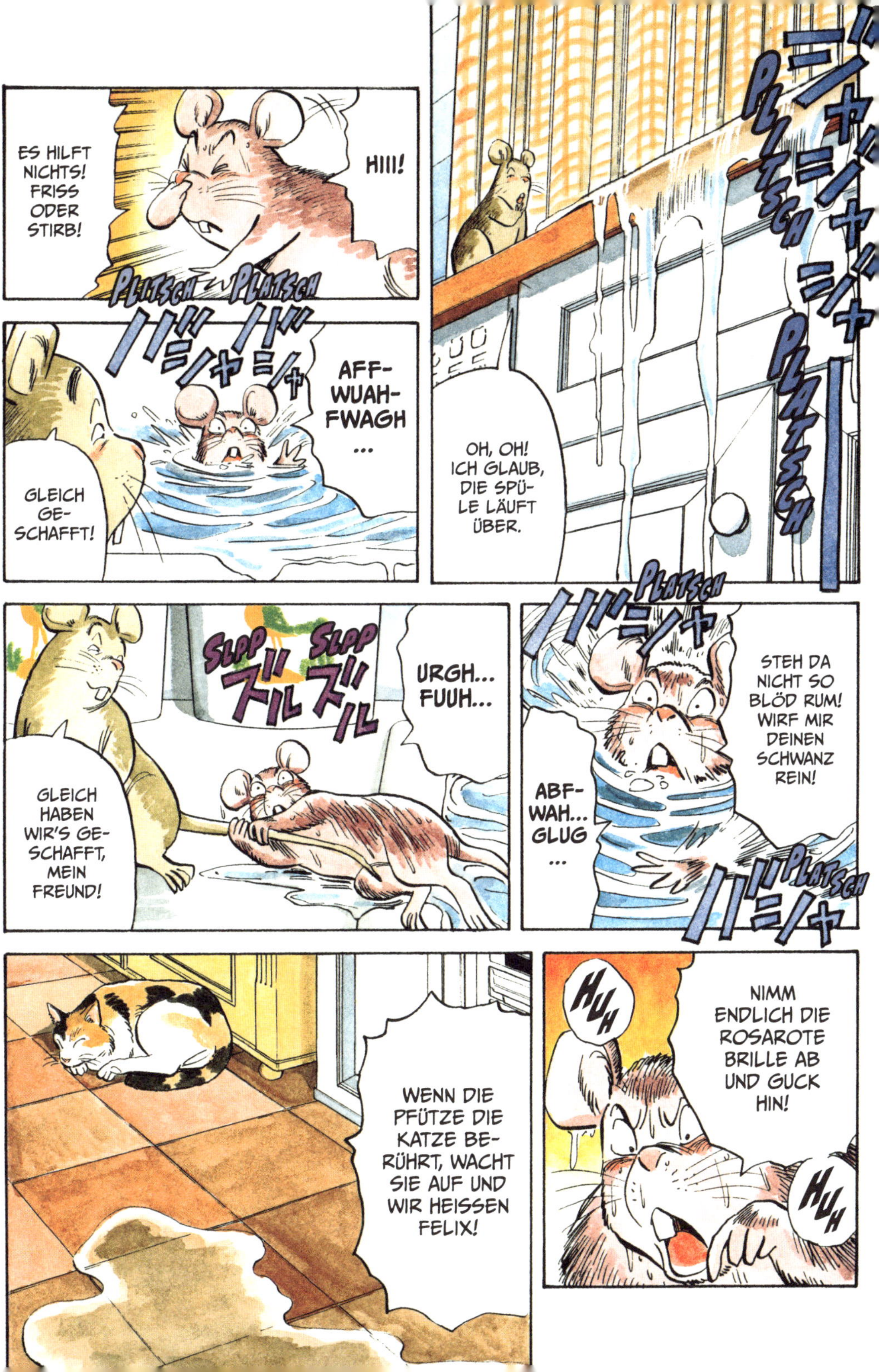

ES HILFT NICHTS! FRISS ODER STIRB!

HIII!

OH, OH! ICH GLAUB, DIE SPÜLE LÄUFT ÜBER.

GLEICH GESCHAFFT!

AFF-WUAH-FWAGH ...

GLEICH HABEN WIR'S GESCHAFFT, MEIN FREUND!

URGH... FUUH...

STEH DA NICHT SO BLÖD RUM! WIRF MIR DEINEN SCHWANZ REIN!

ABF-WAH... GLUG ...

WENN DIE PFÜTZE DIE KATZE BERÜHRT, WACHT SIE AUF UND WIR HEISSEN FELIX!

HUH

NIMM ENDLICH DIE ROSAROTE BRILLE AB UND GUCK HIN!

HUH

H... HEY!

RED KEINEN KÄSE, HENRY! WIR MÜSSEN NUR SCHNELLER SEIN ALS DIE PFÜTZE! LET'S GO!

VERGISS DEN KUCHEN! WIR DREHEN UM...

KOMM! NUR NOCH DURCH DIE GEWÜRZE!

CHARLES! DU BIST VIEL ZU LAUT!

WAS STEHT DENN HIER WIEDER RUM?! PLATZ DA!

SALAT-ÖÖÖL!

AH!

HÄ?

92

AAAH, WAWA-WAH!

HENRY! ICH KOMM NICHT VOM FLECK! ES IST SUPER-RUTSCHIG!

ZAPPEL NICHT SO! BLEIB RUHIG! RUUU-HIG!!

JAA! ABER NICHT SO!!

H... HILF MIR!

HEYAAH!

WIE? HÄ? WAS?

HALT DICH FEST!

STARKER MOVE, HENRY! WIR SIND DURCH!

NGYAH!

GRAH!

HEHE! HAB'S DOCH GESAGT! ICH BIN DER, DER DIE SIEBEN WELTMEERE BEREI...

AAAH!

GNPP

TSCH ...ANK

BEEILUNG, HENRY! DAS WASSER MACHT GLEICH DIE KATZE NASS!

AAAH! ALLES NOCH DRAN! HALLELUJA! OHNE SCHWANZ WÄRE MEIN LEBEN JETZT ZU ENDE!

WO IST...

AH!

WENN ICH DIANA EIN STÜCK TORTE SCHENKE, BEKOMME ICH VIELLEICHT EIN BUSSI VON IHR! ♡

MACHST DU WITZE?! WIR MÜSSEN BLOSS NOCH AN DEN TÖPFEN VORBEI!

HAH HAH

KÖNNEN WIR'S NICHT EINFACH SEIN LASSEN? BITTE!

QUATSCH KEINE OPERN! MIR REICHT'S, ICH HAU AB!

SCHHH

SCHHH

WAS?! DA KOCHT WASSER!

SCHHH RATER RATER RATER

HM? WAS IST DAS FÜR EIN GERÄUSCH?

SCHHH

AAA...

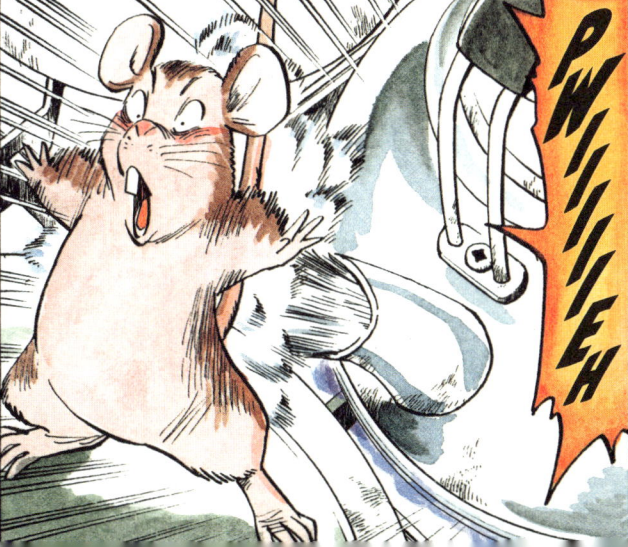

PWIIIIEH

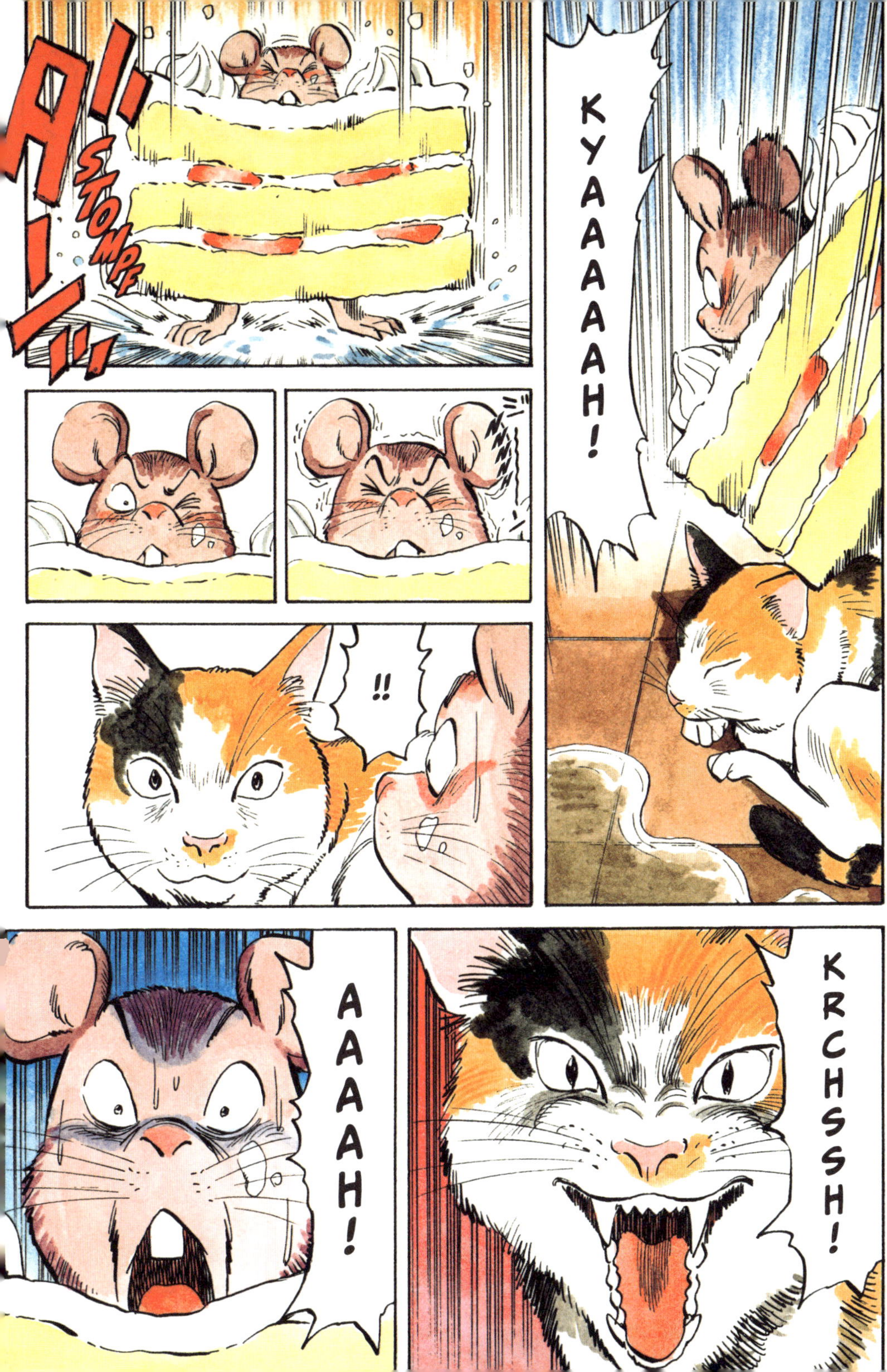

? FSSHAAAH!

I...IST DAS COOL, HENRY!

KSHHSS!

PUH! DAS IST ES! KATZEN MÖGEN KEIN WASSER!

WENN DU EIN ECHTER MÄUSE-RICH SEIN WILLST, GEH GE-FÄLLIGST SELBST!

HM... LEIDER IST DIR AUF DEM RÜCKWEG DIE ERD-BEERE RUNTERGEFAL-LEN. UND DIANA LIEBT ERDBEEREN ÜBER ALLES. WOLLEN WIR NOCH MAL ZURÜCK?

HA... HAHAHA! TJA... JETZT SIEHST DU MAL, WIE MAN'S RICHTIG MACHT!

HUUH! HUUH!

WAHNSINN! DAS WAR VIELLEICHT WAS!

HUH HAH

It's a Beautiful Day

(Ursprungsidee: Kenji Endo)

Geboren 1947 in Katsuta (heute Hitachinaka), Präfektur Ibaraki. Er begann während seines Studiums an der Meiji-Gakuin-Universität Gitarre zu spielen und debütierte 1969 mit dem Lied »Honto da yo / Neko ga Nemutteru«. Schnell wurde er zu einem der wichtigsten Vertreter der Folkmusic in Japan und konnte etliche Hits verzeichnen, darunter »Curry Rice« oder auch »Manzoku dekiru kana«.

In Shibuya, Tokyo, eröffnete Endo das Restaurant »Waltz«, das sich auf Currys und Tees spezialisierte und vor allem für die Spezialität »Pyramid Curry« bekannt war. Er schrieb Songs und Jingles für Werbespots, ein Lied für das Comedy-Duo »Two Beats« und trat regelmäßig im Fernsehen auf. In den 1980ern gab er die akustische Gitarre zugunsten der Elektrogitarre auf und veröffentlichte unter anderem die bekannten Tracks »Tokyo Wasshoi«, »Omurice«, »Wajima no hitomi«, »Fumetsu no otoko« und »Yume yo Sakebe«.

Später setzte er seine Karriere erfolgreich fort und trat live u. a mit den Bands »Kenji Endo Band«, »Kenji Endo & Curry Rice« auf. In den frühen 2000er-Jahren spielte er auf einigen Rockfestivals, z. B. dem Fuji Rock. Als fester Bestandteil der Rockszene übte er einen wichtigen Einfluss auf andere Künstler*innen aus. Er inspirierte zahlreiche Newcomer, darunter »Sunny Day Service« und »Quruli«, aber auch Mangaka, Schriftsteller, Comedians – Künstler*innen aus den verschiedensten Bereichen.

Im Jahr 2016, im Alter von 69 Jahren, erkrankte er an Magenkrebs. Während der Behandlung trat er zwar weiterhin auf, aber im Oktober 2017 verschlechterte sich sein Gesundheitszustand rapide und er starb am 25. desselben Monats im Alter von 70 Jahren.

Kenji Endo

Garo

Wataru Takada

Yosui Inoue

Die Folkband wurde 1970 gegründet und begann ihre Karriere 1971. Sie bestand aus Mark Horiuchi (Mamoru Horiuchi), Tommy Hidaka (Tomiaka Hidaka) und Vocal (Masumi Ono). 1973 wurde ihr Song »Gakuseigai no Kissaten« ein absoluter Hit, ebenso wie »Kimi no tanjoubi« oder »Romance«. Im selben Jahr trat Garo in der Neujahrssendung »NHK Kohaku Uta Gassen« und weiteren Fernsehshows auf, und die Popularität der Band schoss in die Höhe. Dennoch löste sie sich 1976 auf, einzelne Mitglieder blieben weiterhin als Solokünstler aktiv. Tommy starb 1986 im Alter von 36 Jahren und Mark 2014 im Alter von 65 Jahren.

Geboren 1949 in der Präfektur Gifu. Seine Karriere als Folksänger begann in den späten 1960er-Jahren, 1969 war das Jahr seines offiziellen Debüts. Wie Kenji Endo und Nobuyasu Okabayashi spielte er eine wichtige Rolle bei der Verbreitung der Folkmusic in Japan und übte einen großen Einfluss auf spätere Generationen aus. Zu seinen bekanntesten Hits gehören »Jieitai ni hairou« und »Jitensha ni notte«. 2004 erschien der Dokumentarfilm »Wataru Takada teki« unter der Regie von Yuki Tanada, der seinen Alltag und seine Konzerte begleitete und dokumentierte. Takada starb am 16. April 2005 im Alter von 56 Jahren. Sein Sohn, Ren Takada, spielt Saiteninstrumente wie die Pedal-Steel-Gitarre und musiziert mit vielen Künstler*innen im Studio oder live.

Geboren 1948 in der Präfektur Fukuoka. 1969 feierte er mit der Single »Yume no naka e« sein Debüt und hatte bereits mit seinem Album »Koori no Sekai« großen Erfolg. Es folgten viele weitere Hits wie »Aozora Hitorikiri«, »Riverside Hotel«, »Isso Serenade«, »Shonen Jidai« oder »Saigo no News«. Yosui ist noch heute aktiv und hat neben Kollaborationen mit Kiyoshiro Imawano und Tamio Okuda mit etlichen weiteren Künstler*innen zusammengearbeitet. Auch für andere Interpreten schrieb er immer wieder Hits, darunter »Senaka made yon juu go fun« (Kenji Sawada), »Kazari ja nai no yo namida wa« (Akina Nakamori) und »Asia no junshin« (Puffy).

Vorstellung der Figuren, die in »It's a Beautiful Day« auftreten

It's a Beautiful Day

ES MUSS UM 1971 GEWESEN SEIN...

TSCHRRAM

DER LETZTE GIG WAR, GLAUBE ICH, IN TOYOMA... ODER WAR'S FUKUI?

VIELEN DANK!

WIR TOURTEN DAMALS DURCH YAMAGUCHI, SHIMANE UND KANA-ZAWA...

KLAPP KLAPP KLAPP KLAPP KLAPP KLAPP

DIE BAND BESTAND AUS MIR, KENJI ENDO ALIAS ENKEN...

UND DER NÄCHSTE SONG...

DER GROSSE DURCHBRUCH FÜR GARO UND YOSUI STAND NOCH AUS, DIE LOCATIONS WAREN NUR ETWAS ÜBER DIE HÄLFTE MIT PUBLIKUM GEFÜLLT.

... YOSUI INOUE, WATARU TAKADA UND DEN DREI JUNGS VON GARO, MARK, TOMMY UND ONO (ALIAS VOCAL).

ABER DIE LEUTE HATTEN SPASS AN DER SHOW UND ALLES VERLIEF OHNE GRÖSSERE KOMPLIKATIONEN.

... OHNE AUS DEM RUDER ZU LAUFEN. WIR WAREN JA KEINE KNALLHARTE ROCKBAND, DIE SICH VOR GROUPIES KAUM RETTEN KONNTE!

ES WAR DAS LETZTE KONZERT DER TOURNEE, UND DAS WOLLTEN WIR FEIERN. DIE STIMMUNG WAR SPITZE...

NUR 'NE KLEINE RUNDE: DIE BAND, UNSER MANAGER, DIE VERANSTALTER UND EINE HANDVOLL FANS. WIR HABEN GEQUATSCHT...

... VIEL GELACHT, GETRUNKEN, GEFUTTERT UND 'NE VERDAMMT GUTE ZEIT VERBRACHT... BEVOR'S DANN...

... SPÄT NACHTS ZURÜCK ZUM HOTEL GING...

WIR WAREN FIX UND ALLE, »VERRATZT« TRIFFT'S WOHL AM BESTEN, ALS WIR...

... EINE FLACKERNDE NEONREKLAME ÜBER UNS SAHEN.

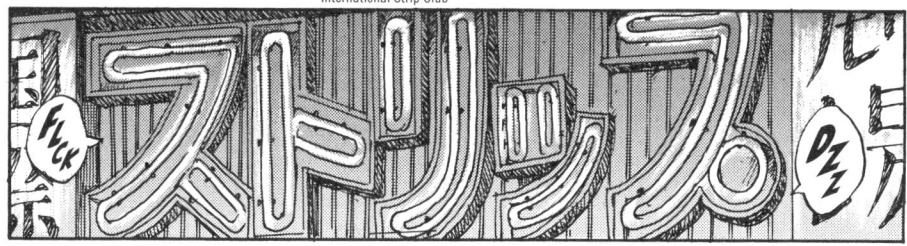

International Strip Club

ALSO...
WIR SIND 'NE
GRUPPE...
WIE WÄR'S
MIT 'NEM
KLEINEN
RABATT?

WIE
VIELE?

'N
ABEND
...

...

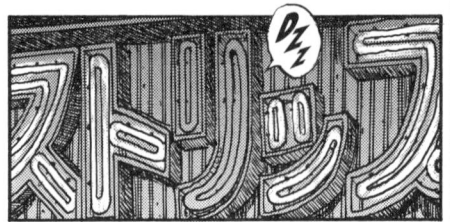

KÖNNT EUCH BE-DANKEN! HAB DEN HALBEN PREIS AUS-GEHANDELT!

AH... SUPER!

OH! DIE SPIELEN SANTANA.

JA. DAS IST »BLACK MAGIC WOMAN«!

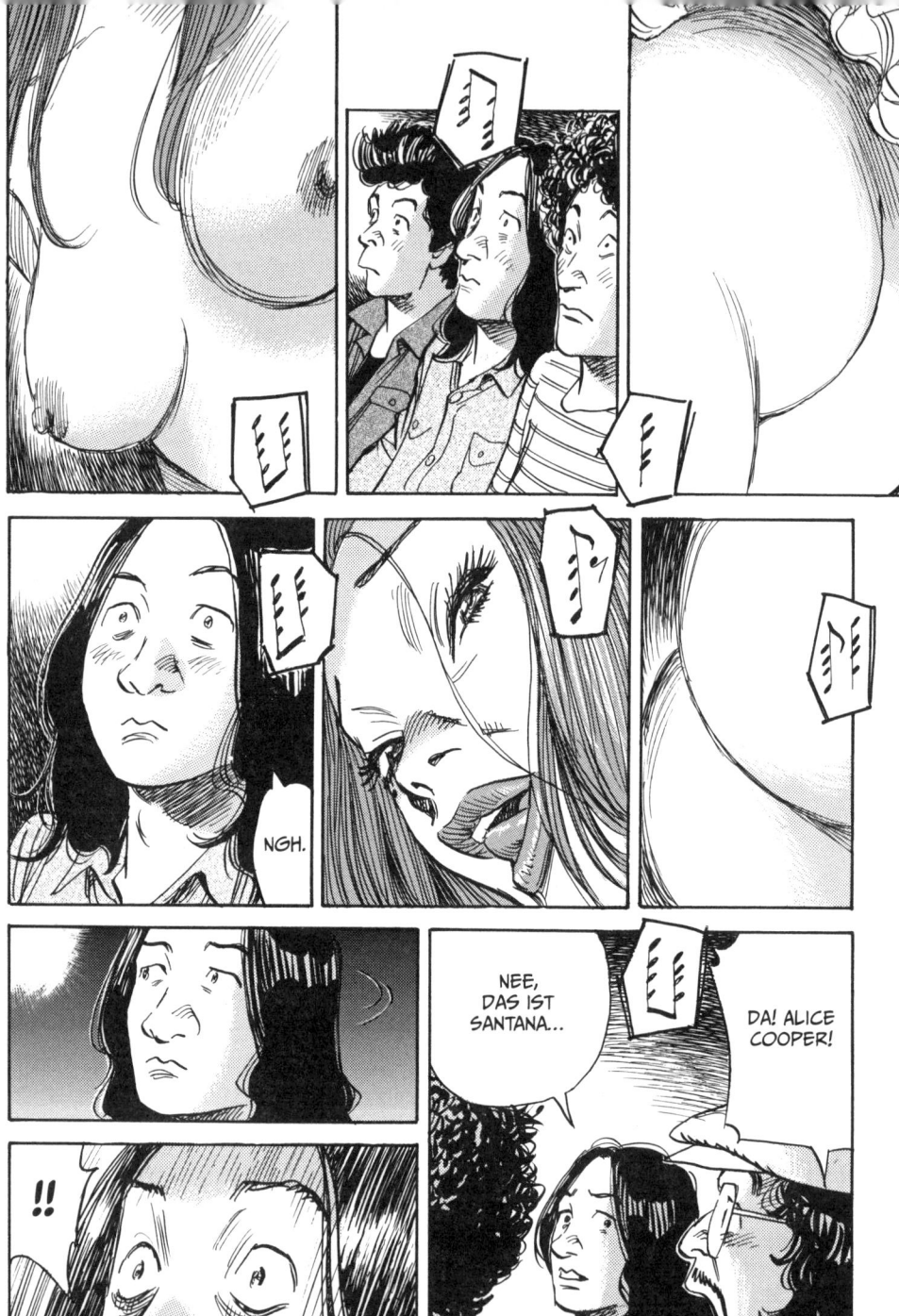

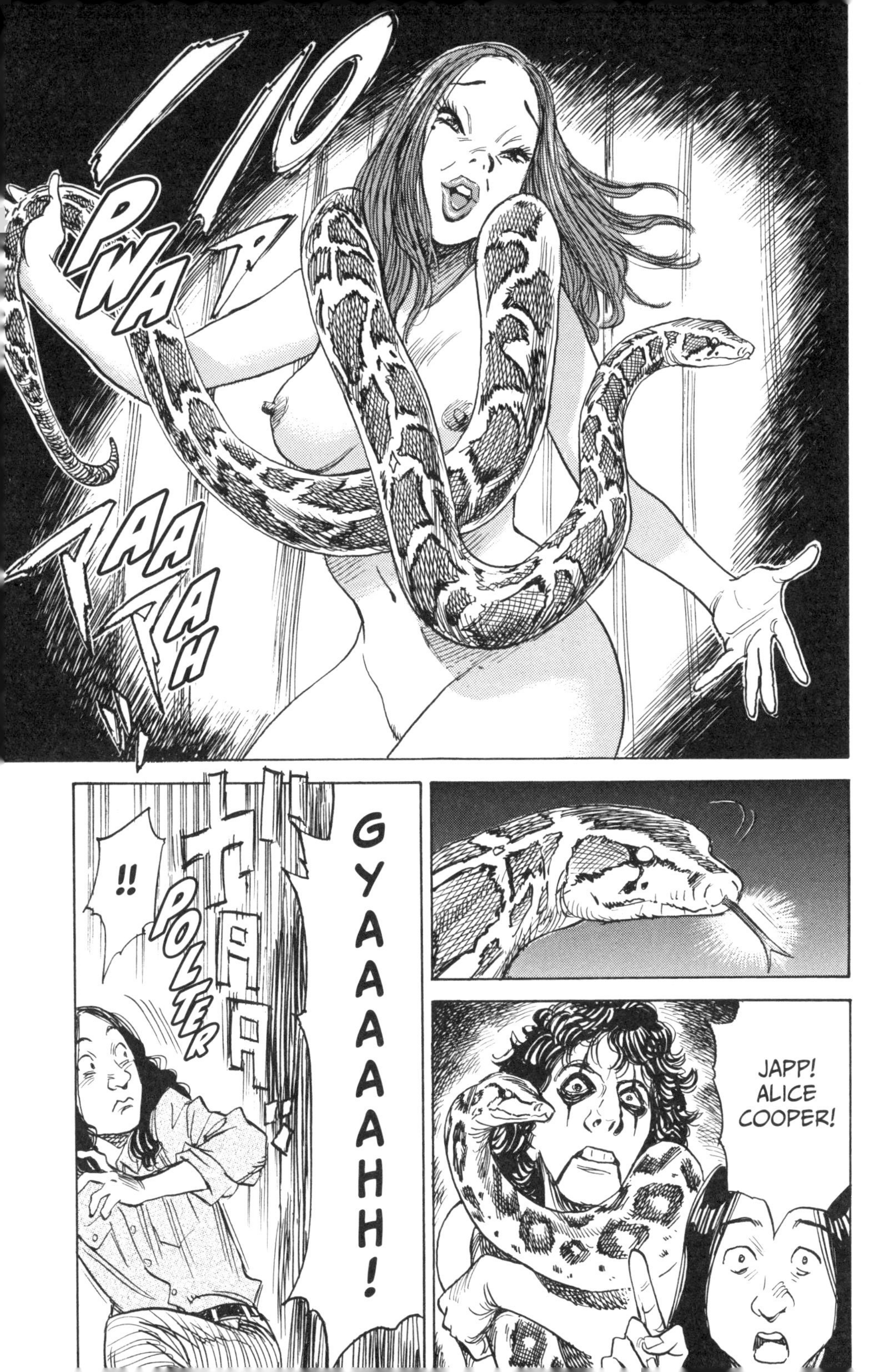

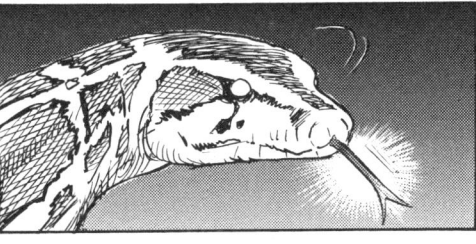

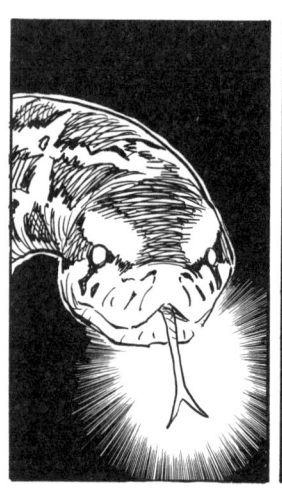

HA-HA-HA!

ICH BEHAUPTE JA, ICH KANN MEHR HACKEN-GAS GEBEN ALS ER.

HAST GESTERN NACHT 'NEN FLOTTEN SCHUH HIN-GELEGT, YOSUI.

AUF DIE PLÄTZE!

FERTIG!

ABER HALLO! LUST AUF EIN RENNEN, YOSUI?

ÄH...

HÄ? BIST DU DIR SICHER, WATARU?

LOS!!

OHA...

112

WOW!

HA-HA-HA!

FLINK WIE 'NE RENN-MAUS, WATARU!

REIFE LEISTUNG, WATARU!

HUH

HAH

HFF

WAS HAB ICH GESAGT ?!

HAH

HAH

HA...

HE-HE!

HFF

HFF

HAST GEWON-NEN, HAHAHA!

HA-HA-HA!

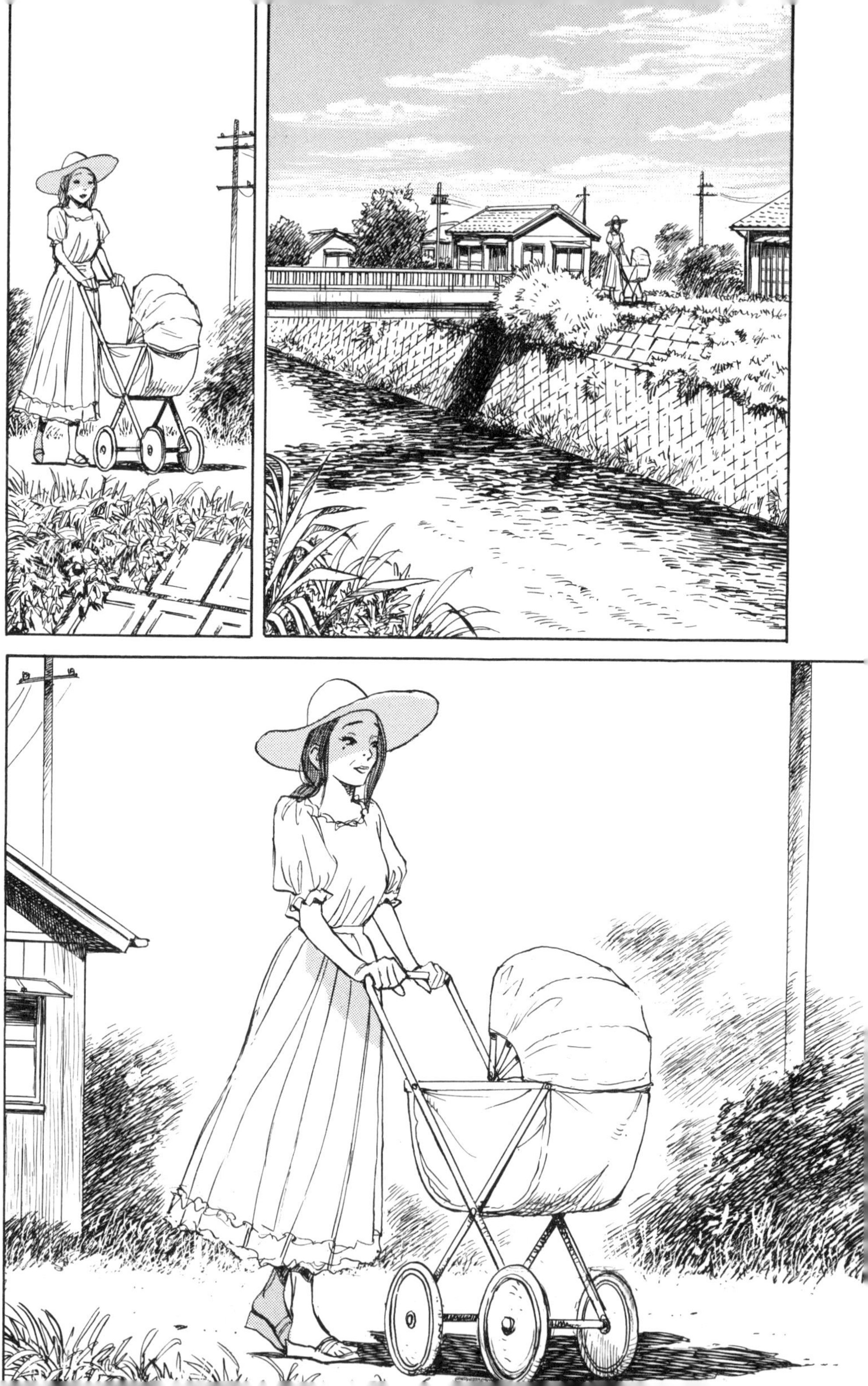

IST DAS NICHT DIE STRIPPE-RIN VON GESTERN NACHT?

ICH WETTE, IN DEM KINDER-WAGEN ...

... FÄHRT SIE IHRE SCHLANGE SPAZIEREN!

DAS WAR VIELLEICHT EIN ANBLICK. SO ETWAS SCHÖNES HATTE ICH NOCH NIE GESEHEN.

JA... UND
ES HATTE
AUCH FRAP-
PIERENDE
ÄHNLICH-
KEIT...

IT'S A BEAUTIFUL DAY

... ZU UN-
SEREM
ALBUM-
COVER
VON »IT'S A
BEAUTIFUL
DAY« DA-
MALS...

Wie »It's a Beautiful Day« überhaupt zu einem Manga wurde...

Es ist schon gute zehn Jahre her, dass Enken alias Kenji Endo mir diese Geschichte erzählt hatte. Ich war sofort begeistert von dieser kleinen Anekdote und dem besonderen Erzähltalent von Enken, der komplett in der Story aufzugehen schien, und sagte: »Wow, was für 'ne tolle Geschichte! Ich kann sie mir richtig vorstellen!« Daraufhin Enken: »Ja, oder?! Du musst unbedingt einen Manga daraus machen!« Und ich wieder: »Hm, gute Idee. Warum eigentlich nicht. Das mache ich!« Leider steckte ich damals mitten in der Produktion einer laufenden Serie und so fehlte mir letztlich die Zeit, diese wunderbare Idee sofort in die Tat umzusetzen.

Wieder vergingen ein paar Jahre und aus irgendeinem Grund erinnerte ich mich eines Tages an diese Anekdote von Kenji und schrieb ihm direkt eine E-Mail dazu. Wenn ich der Anrufliste meines alten Handys Glauben schenken kann, muss das im Juni 2015 gewesen sein. Ich sagte ihm damals, dass ich seine Geschichte unbedingt als Manga adaptieren möchte, und Kenji antwortete mir prompt, indem er mir einen detaillierten Abriss der gesamten Story von damals schickte, mit allen Einzelheiten und exakt so, wie er sie mir vor Jahren erzählt hatte. Er schloss mit den Worten: »Ich will ungern schreiben, dass ich es kaum erwarten kann, deinen Manga zu lesen, um dich nicht unnötig unter Druck zu setzen, aber ich würde mich wirklich sehr freuen, wenn du meine Geschichte eines Tages zeichnen würdest!« Damit hatte er mich. Doch so traurig wie es ist, leider musste Kenji von uns gehen, ehe der Manga fertig wurde.

Mit großer Verspätung fand ich schließlich die Zeit, die Adaption von Enkens Geschichte aufs Papier zu bringen. Ich kontaktierte seine Frau, um mich zu vergewissern, dass sie damit einverstanden war und ich mich an die Arbeit machen durfte.

So erfuhr ich auch, dass Kenji die gesamte Geschichte vorab schon niedergeschrieben und für mich ausgedruckt hatte, und konnte anhand seiner Erzählung, den vielen Details aus unserem E-Mail-Verkehr und dem Material, das er für mich vorbereitet hatte, diesen Manga zeichnen. Nur leider war es zu spät, nicht wahr, Kenji? Bitte entschuldige, es tut mir sehr leid.

Es treten auch noch einige andere Personen in der Erzählung auf, bei denen ich mich an dieser Stelle herzlich bedanken möchte, dass sie mir erlaubt haben, sie in meinem Manga in Szene zu setzen: Yosui Inoue und Wataru Takadas Sohn Ren Takada sowie Masumi Ono von der Band Garo und Mamoru Horiuchis Schwester. Enken war ein äußerst vielseitiger und talentierter Musiker, der Songs komponierte, Schlagzeug und Gitarre spielte, am Klavier ordentlich in die Tasten hauen konnte, virtuos an der Mundharmonika war und natürlich auch singen konnte. Darum bin ich seinem Beispiel gefolgt und habe bei diesem Manga alles im Alleingang gemacht, von den Figurenzeichnungen über die Hintergründe, dem Ausradieren bis hin zu den Texturen und Schattierungen, einfach alles. Also, Enken, wie gefällt dir der Manga? Lass mal was von dir hören aus deinem Himmelreich da oben, ich würde mich freuen!

24. August 2018 – Naoki Urasawa

Das Foto stammt aus dem Jahr 2008.
Enken hatte mich eingeladen, mit ihm
Curryreis essen zu gehen, da er ja auch
einen Song mit demselben Titel hatte:
»Curry Rice«.

Musica Nostra

...Kommen einem häufig Kerle in dem Sinn, die solch ein Gesicht machen.

Wenn man an Rock-gitarristen denkt...

3

NAOKI URASAWA ♪

Musica Nostra

Allerdings sprechen wir hier immer noch von Entertainment, heißt, es kann auch Teil der Show und nur gespielt sein, um dem Publikum etwas zu bieten...

Es ist der Ausdruck vollkommener Ekstase, just nachdem man der Gitarre einen unglaublich geilen Sound abgerungen hat.

Weil Gitarre spielen so sauschwer ist!

Fragt man jedoch all die professionellen Gitarristen da draußen, bekommt man als Antwort unisono um die Ohren gehauen...

Die Finger sind völlig entkräftet und die Muskelkraft, die es braucht, um immer wieder zwei Saiten zu benden, lässt nach.

Aber nach zwei Stunden pausenloser Performance sieht die Sache wieder anders aus. (Nicht zu vergessen die Proben vorab.)

Natürlich werden die echten Profis nicht während des Konzerts plötzlich anfangen sich zu beschweren...

Man kann sich also denken, wie krass sie sich bei jedem Livekonzert ins Zeug legen und ihrem Körper alles abverlangen.

Die Saiten von Akustikgitarren sind auch etwas dicker, was das Spielen zusätzlich erschwert. Und zwei Songs in Folge auf 'ner Zwölfsaitigen gehören verboten.

Zudem erhöht sich die Verletzungsgefahr beim Sliden durch die Schweißperlen, die an einem heruntertropfen.

Aua! Aah! Au!

Und während die Menge grölt, rackern die Musiker sich total ab.

Meine... Finger... Aua...

Aah...

Ich kann nicht mehr!

Ngh! Ist das hart!

ムジカ ノスタルジア♫♩

NAOKI URASAWA

Unzählige hübsche Frauen, die Gitarre spielen, als ging's um Leben und Tod!

Ich sehe mir so gut wie nie Videos auf YouTube an, aber letztens habe ich zum Spaß »Gitarre« und »Girl« in die Suchleiste eingegeben und etliche Videos gefunden.

Am schönsten ist es, wenn eine junge Frau ein richtig heißes Riff einer Rockikone wie David Gilmour von Pink Floyd runterspielt.

Wenn sie richtig loslegen und mit ihrem heftigen Shredding auftrumpfen, fühle ich mich komplett unterlegen. Aber ich find's angenehmer, wenn sie entspannt die guten alten Rockklassiker zum Besten geben.

Ich war erstaunt, wie perfekt der weibliche Körper für das E-Gitarrenspiel gemacht ist. Gott hat sich wohl was dabei gedacht.

Beim Zusehen dachte ich so bei mir: »Ah ja, das macht total Sinn...«

Weil das Gitarrenspiel eine knallharte Angelegenheit sei...

Vorher hatte ich von den schmerzverzerrten Gesichtern der Gitarristen geschrieben.

Frauen bewahren die Fassung und wirken völlig tiefenentspannt.

Fällt ihnen das Spielen nicht so schwer? Oder wollen sie vermeiden, komische Schnuten zu ziehen? Was es auch immer ist...

Allerdings habe ich bei den Frauen noch nie solche Grimassen gesehen. Egal wie schwer das Bending ist, egal wie viel sie sliden, sie verziehen keine Miene.

Eine dieser Überraschungen war L.A.! (Natürlich aus eigener Tasche bezahlt!)

Das Leben ist manchmal echt sonderbar und hat so einige Überraschungen auf Lager.

MUSICA NOSTRA ☆ NAOKI URASAWA

MUSIKALISCHES L.A.-REISETAGEBUCH 1

»Zeppelin IV«!

Die Wände waren voll mit Goldenen Schallplatten von berühmten Werken!

SUNSET SOUND ~1962 50 Years 2012~

Die Jugend von heute kann es wahrscheinlich musikalisch nicht einordnen, aber damals existierte tatsächlich so etwas wie der »L.A.-Sound« und das Herzstück dieser Musikszene war das »Sunset Sound«.

»Let it Bleed« von den Stones!

Und natürlich auch eine Schlagzeugerlegende...

Jim Keltner war hier im Studio!

Ein Musiker namens Mike Viola hat damals englische Lyrics für einen meiner Songs verfasst und ihn danach arrangiert und im Studio für mich aufgenommen.

JIM KELTNER

FRANKENSTEIN

A ber das war noch nicht alles. Als ich ihm meinen Beatles-Manga schenkte, machte er sofort ein Foto davon...

Ura-sawas Beatles-Manga

... und ...

... schickte es an jemanden!

Crunchy sweet, got a kind of a little toasty thing goin on

E r gab mir sogar einen kleinen kulinarischen Bericht über die Monaka, die ich als Souvenir aus Japan mitgebracht hatte.

Jim Keltner
Ein berühmter Schlagzeuger, der bei bekannten Songs von John Lennon, George Harrison, Bob Dylan, Ry Cooder und vielen anderen gespielt hat.

D anach habe ich Jim Keltner am Schlagzeug begleitet.

Woaah...

R...Ringo! Ringo benutzt Emojis?!

Hey, da kam grad 'ne Nachricht von Ringo! Ich soll dir ein »Dankeschön« ausrichten!

I ch habe alles gegeben und versucht mitzuhalten, aber ich bin für Jam-Sessions mit Berühmtheiten nicht gemacht. Was soll ich sagen...

W ow! Dieses seltsame Leben hält die verrücktesten Überraschungen bereit!

Fortsetzung folgt...

MUSICA NOSTRA ☆ NAOKI URASAWA

MUSIKALISCHES L.A.-REISETAGEBUCH.⑤

Die Beatles gaben im Januar 1969 ihre allerletzte Liveshow auf dem Dach des Apple-Records-Firmengebäudes.

Die Musik dröhnte vom Dach, bis die Polizei anrückte und Jack aufforderte, unverzüglich den Verstärker von John und Georges Gitarren auszuschalten.

KLACK OFF

Auch Jack Oliver, der Präsident vom Apple Records, durfte bei diesem geschichtsträchtigen Ereignis natürlich nicht fehlen.

der junge Jack Oliver

Und so spielten die Beatles ihr Konzert auf dem Dach damals in voller Lautstärke zu Ende!

KLICK ON!!

Doch – und man mag es kaum glauben – der ruhigste von den vier Beatles, George, kam sofort angelaufen und schaltete den Verstärker wieder an.

Erstveröffentlichung:
Grand Jump, Nr. 15+23/2015
und 5–9/2017,
Shueisha

Das Königreich der Kaiju

Erstveröffentlichung:
Big Comic, Nr. 16/2013,
Shogakukan

FÜR IHN, DER IN FRANKREICH GEBOREN UND AUFGEWACHSEN IST, WAR JAPAN IMMER SCHON DAS LAND SEINER TRÄUME.

JAPAN!

DEN NAMEN DIESER WUNDERBAREN STADT NUR ZU FLÜSTERN BRACHTE SEIN HERZ BEREITS IN WALLUNG UND BESCHERTE IHM EINE GÄNSEHAUT!

TOKYO!

SEIT 1954 WAR TOKYO DIE EINZIGE METROPOLE DER WELT, DIE IMMER WIEDER...

... VON DEN KAIJU, GEWALTIGEN UNGEHEUERN UND MONSTERN, HEIMGESUCHT UND IN SCHUTT UND ASCHE GELEGT WURDE.

IST DAS NICHT MUSIK IN DEN OHREN? DIESER BETÖRENDE KLANG... KAIJU! SEIT SEINER KINDHEIT WAR ER...

KAIJU!

Plakat: Kaiju

UND NATÜRLICH HATTE ER NUR EINEN EINZIGEN TRAUM: EINES TAGES NACH TOKYO ZU FLIEGEN UND EIN ECHTES KAIJU MIT EIGENEN AUGEN ZU SEHEN!

... BESESSEN DAVON. WEDER MÄDCHEN NOCH DIE LIEBE INTERESSIERTEN IHN, SEINE WELT DREHTE SICH ALLEIN UM KAIJU.

Großer Kaiju-Bilderatlas

ER WURDE ZU EINEM MEISTER DER JAPANISCHEN SPRACHE UND ERFÜLLTE SICH ENDLICH...

... SEINEN LANGERSEHNTEN TRAUM!

WOLLEN SIE EINEN KAUFEN?

DAS IST EINE SCHUPPE VOM TORI-GERAGON VON 1969!

ZUPF ZUPF

WAS?! 69ER-TORIGERAGON-SCHUPPEN SIND SUPER-SELTEN!

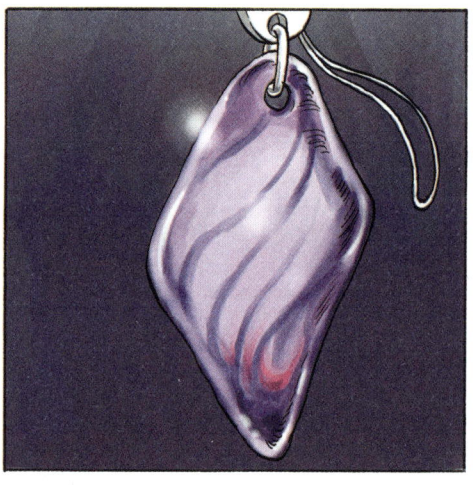

»SPEZIELL WARNEN WIR VOR KINDER-VERKÄU-FERN!!«

»VORSICHT VOR TRICKBE-TRÜGERN, DIE MINDERWERTIGE KAIJU-SOU-VENIRS AN LIEBHABER UND ENTHUSIASTEN VERKAUFEN!«

MOMENT, DAS PRÜFE ICH MIT DEM SCHUPPEN-SPEZIAL-DETEKTOR!

HIER STEHT'S SCHWARZ AUF WEISS IM REISE-FÜHRER.

AHA... NON, NON!

142

BEI MIR AUCH! ICH HAB DIE ECHTEN!

NEE! NUR BEI MIR KRIEGEN SIE DAS ORIGINAL!

HIIIH!

KAUFEN SIE 'NE SCHUPPE BEI MIR!

BLA BLA BLA

BLA BLA BLA

HE, MISTER! WOLLEN SIE EINEN ANHÄNGER?

VOR UNS SEHEN SIE DIE NATIONALSTRASSE1, AUCH SAKURADA-DORI GENANNT, AUF DER SEIT MEHREREN JAHRZEHNTEN KAIJU IHR UNWESEN TREIBEN.

WENN SIE MIR DANN BITTE FOLGEN WÜRDEN...

DIE VERBOTSZONEN FINDEN SIE AUF DEN KARTEN EINGEZEICHNET.

ES GIBT ETLICHE ZONEN, IN DENEN DER ZUTRITT STRENGSTENS VERBOTEN IST. BITTE ACHTEN SIE DARAUF.

MIT DONNERN-
DEN SCHRITTEN
DURCHQUEREN SIE
UNSERE STADT UND
HINTERLASSEN EINE
SCHNEISE DER
VERWÜSTUNG.

... UND
GEHEN DANN
GANZ IN DER
NÄHE DER
HINODE-
SANBASHI-
BRÜCKE AN
LAND.

DIE KAIJU
TAUCHEN AUS
DEM PAZIFIK
AUF, PASSIEREN
DIE BUCHT VON
TOKYO UND
ODAIBA...

IST DAS KRASS!

WOW!

SIE STELLEN DIE SCHUTZGOTTHEIT MIRACLE THUNDER DAR UND WURDEN VON DER REGIERUNG ZUR VERTEIDIGUNG ERRICHTET.

LEIDER WARTEN WIR NOCH HEUTE AUF DIE ANKUNFT DES LEIBHAFTIGEN SCHUTZGOTTES, NICHT WAHR?

SIE HABEN SICHER DIE ZAHLREICHEN STATUEN ENTLANG DER SAKURA-DORI BEMERKT...

JEDENFALLS ERREICHEN DIE KAIJI...

... SUMORINGER HÄTTE DAS BESSER EIN LANDSMANN ÜBERNEHMEN SOLLEN...

WAS SOLL DAS BITTE SEIN? DER STEINKLOTZ SIEHT AUS, ALS HÄTTE JEMAND AUS HOLLYWOOD EINEN MACHO-MAN-AVENGER KONZIPIERT. IM LAND DER RUHMREICHEN...

OOH!

... SCHLIESSLICH DEN ORT, DEN SIE DORT HINTEN SEHEN!

DER TOKYO TOWER!

... WURDE JEGLICHE HOFFNUNG AUF EINEN BALDIGEN WIEDERAUFBAU VORERST FALLENGELASSEN.

URSPRÜNGLICH ALS FUNKTURM ERRICHTET...

KWICK KWICK

* SHIRT: KAIJU

JAPAN IST DER WAHNSINN! TOKYO, DU BIST DER HAMMER!

KWICK

DAS SIEHT AUS JEDEM WINKEL EINFACH NUR GEIL AUS!

KWICK

KWICK

DAS SINNBILD FÜR DIE ZERSTÖRENDE MACHT DER KAIJU!

IST DAS KRASS!

KWICK

KWICK

DER TOKYO TOWER! HAMMER!

HE! SIE DA!

HIER IST ZUTRITT VERBOTEN!

DOCH! ICH HABE WIE EIN IRRER JAPANISCH GELERNT!

OH, ÄHM ...

JAPANISCH VERSTEHEN SIE WOHL NICHT, HM?

WHERE DO YOU COME FROM...?

OH...

ABER EINE SACHE BLEIBT MIR WEITER EIN RÄTSEL...

ICH HABE IN FRANKREICH ALLES ÜBER KAIJU GELERNT...

WAS?

DÜRFTE ICH IHNEN EINE FRAGE STELLEN?

WENN WIR DAS WÜSSTEN, HÄTTEN WIR WEITAUS WENIGER PROBLEME, JUNGER MANN.

WIE KANN ES SEIN, DASS DIE KAIJU, DIE ENTLANG DER INSEL MINAMI-TORISHIMA AUFTAUCHEN, JEDES MAL DEN WEG BIS ZUM TOKYO TOWER AUF SICH NEHMEN?

DOCH WIESO GREIFEN DIE MONSTER NUR UNS AN? WARUM AUSGERECHNET JAPAN?

SEIT 1954 SIND WIR BEINAH JÄHRLICH EINER HEIMSUCHUNG DURCH DIE KAIJU AUSGESETZT UND MÜSSEN GEGEN DIE BEDROHUNG VORGEHEN.

UNSERE WISSENSCHAFTLER ARBEITEN UNERMÜDLICH DARAN, DIESER FRAGE AUF DEN GRUND ZU GEHEN.

ICH BLEIBE NOCH...

UND SPRICH MICH AUF DER ARBEIT BITTE NICHT MIT VORNAMEN AN.

MISAKI, ICH MUSS ZURÜCK NACH KASUMIGA-SEKI. TREFFEN WIR UNS SPÄTER ZUM MITTAG ESSEN?

...

SERIZAWA VOM WISSEN-SCHAFTSMINISTE-RIUM, SONDER-AUSSCHUSS »RIESEN-ARTEN«.

UND SIE ARBEITEN FÜR DIE RE-GIERUNG?

OH, SIND SIE VERLOBT ODER SO?

... VON BIS ZU 30 MILLIO-NEN YEN BEDEU-TEN! UND SIE... BEFINDEN SICH HIER GERADE IN EINER NO-GO-AREA!

DEREN BESITZ ODER WEITERGABE VERSTÖSST GEGEN DAS GESETZ* UND KANN EINE HAFT VON FÜNF JAHREN BIS LEBENSLÄNGLICH UND EINE GELD-STRAFE...

* Gesetz bezüglich bedrohlicher Organismen

AAAH, OKAY, SORRY! BIN SCHON WEG!

DANN HABEN SIE ZUGANG ZU AUTHENTISCHEN KAIJU-SCHUP-PEN?

DIESE RYOKAN FIND ICH SPITZE! ABER MIT ZIMMERNACH-BARN... ETWAS MERKWÜRDIG.

Fuji Ryokan (Reisegasthaus)

KEIN WUNDER, ES IST KAIJU-SAISON!

DIE HO-TELS SIND KOMPLETT VON TOURIS BELEGT...

JEAN. AUS TRINIDAD UND TO-BAGO.

BONSOIR! ICH BIN PIERRE UND KOMME AUS FRANKREICH. UND DU?

... ABER ICH HOFFE TROTZDEM AUF EINEN ZWEIBEI-NIGEN.

DIE VIER-BEINER WER-DEN IMMER GRÖSSER, WAS IHRE ZERSTÖ-RUNGSWUCHT ERHÖHT...

ICH FRAGE MICH, WAS ES DIESES JAHR SEIN WIRD...

Magazin: *Kaiju News*

150

JA! ES GEHT DOCH NICHTS ÜBER TORIGERA-GON!

ODER? DAS DENK ICH AUCH!

EIN BIPEDE MUSS ES SCHON SEIN! ABER MIT KROKODILHAUT, ÄHNLICH WIE TORIGERAGON!

ANGYAAHSS!

KENNST DU SEIN GEBRÜLL AUF YOU-TUBE?

ANGYAA!

OHA ...?

ANGYAAHSS!

OH! STARK! VOLL GUT NACH-GEAHMT, JEAN!

YEEEAH!

JAAA! DAS IST ES! ENDLICH KOMMT EIN KAIJU ZU UNS!

NAHE MINAMI-TORISHIMA WURDE EINE KAIJU-ÄHNLICHE BEWEGUNG RE-GISTRIERT!

ES BEWEGT SICH MIT 30 KM/H RICHTUNG JAPANISCHES FESTLAND!

IM ERNST?!

... TORI-GERAGON-SCHUPPEN SIND, NE?

MAN MUNKELT ES SEIEN EINIGE ECHTE AUFGE-TAUCHT.

PIERRE, DU WEISST, WIE SUPER-SELTEN...

WIE LANGE HABE ICH VON DIESEM TAG GETRÄUMT, JEAN!

... ANGEBLICH ORIGINALE UNTER DEN IMITATEN DER STRASSENKIN-DER GIBT.

SCHON... ABER HIER STEHT, DASS ES...

ABER WENN DIE ECHT SIND... DIE KOSTEN EIN VERMÖ-GEN!

DEIN ERNST?

HM? WAS IST DAS DENN?

VERFLUCHTE HACKE! DA MUSS ICH MORGEN NOCH MAL HIN...

...

WOLLEN SIE EINEN KAUFEN?

WENN ICH MICH EINER AUTHENTISCHEN SCHUPPE NÄHERE, GIBT DAS DING EIN SIGNAL.

ICH HAB EIN STINKNORMALES RADIO UMFUNKTIONIERT.

HA! DAS IST MEIN SCHUPPEN-SPEZIAL-DETEKTOR, MARKE EIGENBAU!

OH, WENN ICH DEN BENGEL ERWISCHE!

NICHTS. IST EIN IMITAT...

HIER, PROBIER'S MAL MIT DER KAMACURAS-SCHUPPE, DIE ICH HEUTE GEKAUFT HAB.

ECHT?

第19区
仮設住宅
関係者以外の通行を禁ず

TSS...
ZWEI TAGE
SUCHE
ICH JETZT
SCHON IN
DEM VIER-
TEL HIER...

KAUFEN
SIE!

KAUFEN
SIE
EINEN!

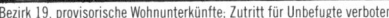

Bezirk 19, provisorische Wohnunterkünfte; Zutritt für Unbefugte verboten

KAUFEN
SIE EINEN
ANHÄN-
GER!

FÜR MICH
SEHT IHR
ROTZLÖFFEL
ALLE GLEICH
AUS.

154

HE! WARTE MAL!

JETZT WARTE DOCH!

HEY, BLEIB STEHEN!

!!

HEHE! ÄTSCHI-BÄTSCH!

DASH

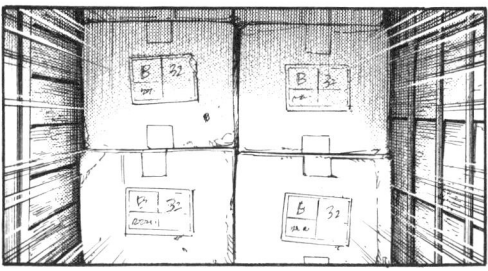

HUFF...

HUFF...

HUFF...

EY! WIESO STEHEN HIER DIE KARTONS RUM?

SONST KONNTE ICH IMMER DURCHSCHLÜPFEN!

ICH WILL MEIN GELD NICHT ZURÜCK...

HFF...

NEIN...

HFF...

KEINE GARANTIE, KEINE RÜCKNAHME!

I...IHR GELD KRIEGEN SIE NICHT ZURÜCK!

AH...

WAS FÄLLT IHNEN EIN, DEN JUNGEN ZU VERFOLGEN?!

STOPP!

DIE KAIJU-FORSCHERIN...?!

HAB ICH DIR NICHT GESAGT, DU SOLLST DIESE BILLIGEN FÄLSCHUNGEN NICHT MEHR VERKAUFEN?!

DER ONKEL WILL SEIN GELD ZURÜCK FÜR DEN ANHÄNGER!

G...GAR NICHTS!

KENTA, WAS HAST DU WIEDER ANGESTELLT?

NGH... ALSO DOCH NUR EIN FAKE!

ALLES, WAS ER VERKAUFT, IST AUS PLASTIK. BILLIGE KOPIEN, NICHTS WEITER.

JA. TUT MIR SEHR LEID.

F... FÄLSCHUNGEN, SAGEN SIE?

WAS ...?

JA, ES STIMMT ...

NON, NON! BITTE, ICH HAB DOCH GAR NICHTS GEKAUFT!

ENTSCHULDIGEN SIE BITTE. ICH GEBE IHNEN IHR GELD ZURÜCK...

MEIN ANSICHTSEXEMPLAR IST ECHT!

ICH HAB NICHT NUR FÄLSCHUNGEN!

DAS IST NICHT WAHR!

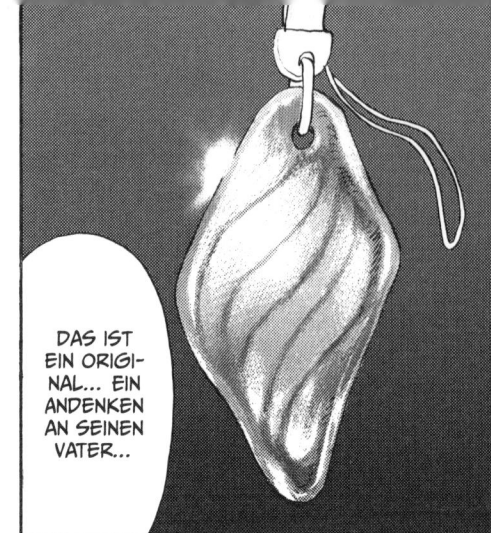

DAS IST EIN ORIGI-NAL... EIN ANDENKEN AN SEINEN VATER...

WENN DAS EIN ANDENKEN AN DEINEN VATER IST, DANN...

COOL! ES SAGT DASS SIE ECHT IST, JA?!

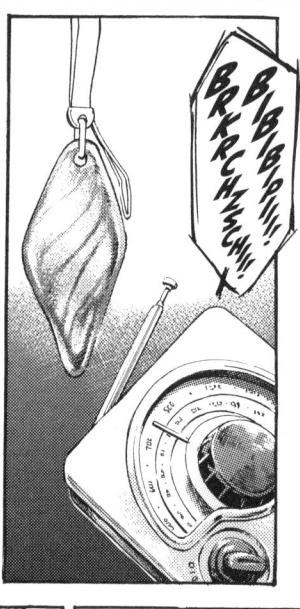

UGH...

KAIJU-FANS UND SAMMLER ZAHLEN EXOR-BITANTE PREISE FÜR SCHUPPEN VON EINEM TORIGERA-GON.

...

ER WURDE ZU TODE GETRAM-PELT.

... BESTAND DARAUF, DASS ALLE SCHUPPEN, DIE AUF UNSER GRUNDSTÜCK FALLEN, IHM GEHÖREN...

DIE REGIERUNG DRÄNGTE ZUR EVAKUIERUNG, DOCH VATER...

IN EINER DER VERWÜSTETEN STÄDTE STAND DAS ELTERNHAUS UNSERES VATERS.

UND DANN... HAT IHN EIN TORIGERAGON GETÖTET?!

ES IST NICHT NUR UNS SO ERGANGEN. VIELE FAMILIEN TEILEN DIESES SCHICKSAL.

...

JA, MAMA AUCH. SIE WOLLTE IHM HELFEN.

DESHALB FORSCHEN SIE ÜBER DIE KAIJU UND VERSUCHEN HERAUSZUFINDEN, WESHALB SIE AN LAND KOMMEN...

ABER ES REICHT. ICH ERTRAGE DAS NICHT MEHR!

SOLCHE TRAGÖDIEN DÜRFEN SICH NIE WIEDER EREIGNEN!

JA. WENN SIE ENTSCHULDIGEN... ICH MUSS ZURÜCK AN DIE ARBEIT.

VERGISS DEINE HAUS-AUFGABEN NICHT. UND KEIN FERN-SEHEN MEHR NACH 9...

KENTA, ICH HABE DEIN ABENDESSEN VORBEREITET. MACH ES DIR SPÄTER WARM, OKAY?

OKAY!

ICH...

ICH...

... DASS ICH NIE AN DIE SCHICK-SALE UNTER IHREN RIESI-GEN FÜSSEN GEDACHT HABE...

ICH WAR MEIN LEBEN LANG SO BESESSEN VON DEN KAIJU...

FÜR MICH WAREN KAIJU IMMER DAS ALLER-GRÖSSTE, ABER JETZT SEHE ICH SIE IN GANZ ANDEREM LICHT...

IHRE MITLEIDS-TRÄNEN KÖNNEN SIE SICH SPA-REN.

ALSO, GENIESSEN SIE DAS SIGHTSEE-ING!

ÄHM...

WENIGSTENS ZIEHT TOKYO EINEN NUTZEN DARAUS. DURCH DIE MILLIONEN VON TOURISTEN, DIE WIE SIE JAHR FÜR JAHR DEN WEG ZU UNS FINDEN, WIRD DIE WIRTSCHAFT ANGEKURBELT.

WARTEN SIE DOCH! VIEL-LEICHT KANN ICH IHNEN IRGEND-WIE HELFEN...

BITTE...

ES WURDE VON EINEM MONSTRÖSEN SPULWURM KON-TROLLIERT UND GESTEUERT, DER SICH IN SEINEN ORGANISMUS EINGENISTET HATTE.

DIE SELBSTVER-TEIDIGUNGS-STREITKRÄFTE KONNTEN ES NICHT TÖTEN, EGAL MIT WEL-CHEN KALIBERN SIE ES BE-SCHOSSEN!

NEHMEN SIE ZUM BEISPIEL KAMAGI-ROSU...

ICH BIN EIN ABSOLUTER KAIJU-OTAKU! ICH WEISS ALLES ÜBER SIE!

ICH FINDE JA, SOLCHE DETAILS ...

OH! RICHTIG! MENSCH, SIE SIND ECHT VOM FACH!

MIT ACETYL-SÄURE KONNTE DER SPUL-WURM JEDOCH VERNICHTET WERDEN.

DAS KAIJU MOGUMOURA HAT SICH DURCH DEN UNTER-GRUND DER STADT BEWEGT, ALLE U-BAHN-TUNNEL ZER-STÖRT, ABER KURZ ...

P...PIERRE? SIND SIE VERLETZT?

... UND STARB, WEIL ES DEM SONNEN-LICHT AUS-GESETZT WAR.

... VORM TOKYO TOWER STIESS ES AN DIE OBER-FLÄCHE...

ABER...

ICH WÜNSCHTE, ICH KÖNNTE MICH EWIG MIT IHNEN UNTERHALTEN...

... WIE SIE, MISA-KI...

HM...?

WOW... ICH BIN BAFF. ICH HABE NOCH NIE EINE FRAU GE-TROFFEN, DIE SICH SO GUT MIT KAIJU AUS-KENNT...

UFF!
SIE SIND
ABER
SCHWER!

... WÜRDEN
SIE MIR
ERST MAL
RAUSHEL-
FEN?

ALLES, WAS
DIE MONSTER
ANLOCKEN
KÖNNTE, WURDE
ENTFERNT, UND
TROTZDEM...

DER
WIEDERAUFBAU
IST SINNLOS, DA
DIE KAIJU HIER
IMMER WIEDER
DURCHKOM-
MEN...

... TAUCHEN
SIE JEDES
JAHR AUFS
NEUE GENAU
HIER WIEDER
AUF, NICHT
WAHR?

ICH HABE
AUCH ANDERE
RÜCKSTÄNDE
UNTERSUCHT.
KÖRPER-
FLÜSSIGKEI-
TEN, GE-
RÜCHE...

DESWEGEN
SIND SIE SO
SELTEN UND
UNBEZAHL-
BAR.

DIE SCHUPPEN,
DIE SIE VERLIE-
REN, WERDEN
VON DER REGIE-
RUNG EINGESAM-
MELT UND SICHER
VERWAHRT.

HM?

ICH HABE ALLES BIS INS KLEINSTE DETAIL ERFORSCHT ...

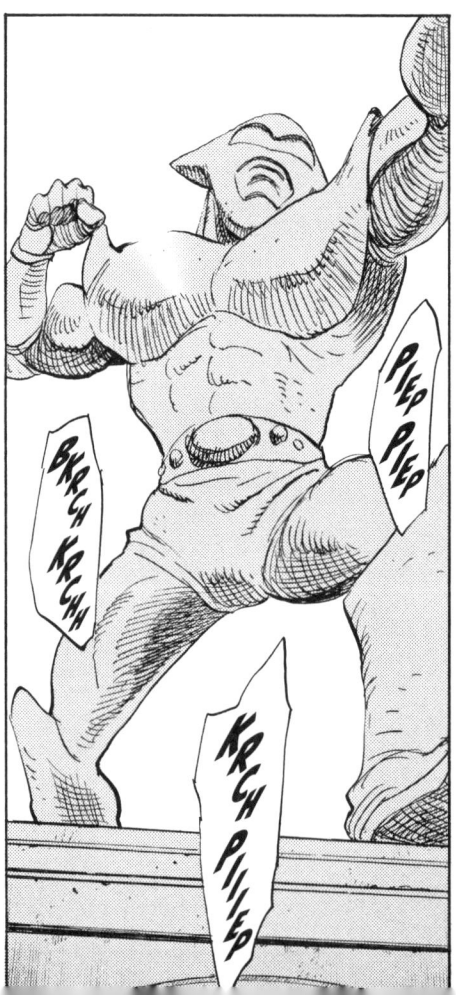

OH, ICH HATTE VERGESSEN, DEN DETEKTOR AUSZUSCHALTEN.

WARUM REAGIERT ER ÜBERHAUPT?

NANU ...?

WAS HAT DAS ZU BEDEU-TEN?

WIE KANN ES SEIN, DASS EIN DETEKTOR BEI EINER DER STA-TUEN AN-SCHLÄGT?

文部科学省

Ministerium für Wissenschaft und Technologie

DU GLAUBST DOCH NICHT ERNSTHAFT DIESEM HOBBY-BASTLER AUS FRANK-REICH?

MISAKI...

WAR NICHT DAS MINISTE-RIUM FÜR DIE ERRICHTUNG DER STATUEN ZUSTÄNDIG?

ALS WIR UNS ZUM ERSTEN MAL IM UNTER-SUCHUNGSKOMITEE BEGEGNET SIND, DACHTE ICH, DICH ZU VERSTEHEN...

DU SOLLST MICH NICHT BEIM VORNA-MEN NENNEN! ANTWORTE AUF MEINE FRAGE!

COMMENT? HOBBY-BASTLER ...?!

ICH WOLLTE DICH VOR DIESER GRAUSAMEN REALITÄT BEWAHREN.

DARUM HABE ICH DIR EINEN HEIRATS-ANTRAG GEMACHT.

... UND DU WOLLTEST ETWAS UNTERNEHMEN, WOLLTEST HELFEN. ICH BEWUNDERTE DEINEN ELAN.

DEINE ELTERN FIELEN EINEM ANGRIFF DER KAIJU ZUM OPFER...

IHR WART DAS, STIMMT'S? DARUM HABT IHR DIE STATUEN ERRICHTET.

DU MEINST, ES IST AUSSICHTSLOS? WIR KÖNNEN DIE KAIJU NICHT AUFHALTEN?

WIE BITTE? DU? WOLLTEST MICH RETTEN...?

JA. FÜR MICH WAR IMMER NUR WICHTIG, DASS DU GLÜCKLICH WIRST, MISAKI.

UND FÜR DIESEN BEREICH TRAGE ICH NUN MAL DIE VERANTWORTUNG.

SIE SIND DIE TOURISTEN-ATTRAKTION UNSERER STADT UND DAS HERZSTÜCK DER GESAMTEN BRANCHE.

DARUM FINDEN SIE IMMER WIEDER IHREN WEG ZURÜCK AN LAND UND MARSCHIEREN BIS NACH TOKYO!

IHR LOCKT DIE KAIJU AN! IHR HABT SCHUPPEN IN DIE STATUEN EINGESETZT!

ALLE VERDIENEN SICH EINE GOLDENE NASE DARAN, MISAKI. DIE REGIERUNG, DIE WIRTSCHAFT, DAS MILITÄR...

UNSERE STREITKRÄFTE VERNICHTEN ALLE KAIJU, DIE SICH BIS ZUM TOKYO TOWER VORWAGEN. WENN DAS KEINE ATTRAKTION IST!

ZUMAL EINE WUNDERBARE PUBLICITY FÜR UNSERE ARMEE, FINDEST DU NICHT?

NENN MICH NICHT MISAKI, NIE WIEDER!

WENN DU DAS TUST, WIRD ES VERHEERENDE AUSWIRKUNGEN FÜR MICH HABEN!

NICHT DOCH, WARTE, MISAKI!

NEIN!

ICH WERDE ALLE EURE STATUEN ZERSTÖREN!

WOCK

LEG DICH NICHT MIT EINEM JAPANISCHEN BÜROKRATEN AN!

AGH ...?!

S... SIE ...!

SOLCHE WIE SIE KANN ICH ECHT NICHT AB!

LASS MICH LOS!

DIE NUTZUNG EINES DETEKTORS WIRD NACH ARTIKEL 3, ABSATZ 13 DES GESETZES ÜBER GEFÄHRLICHE ORGANISMEN MIT DREI JAHREN BIS ZU LEBENSLÄNGLICH BESTRAFT.

UND JETZT SPITZ DIE OHREN, KAIJU-OTAKU... DER BESITZ UND DIE VERBREITUNG VON KAIJU-SCHUPPEN IST STRENGSTENS UNTERSAGT!

UMPF!!

NEIN, ABER DIESER BESUCHER HAT HIER NICHTS VERLOREN. SETZEN SIE IHN VOR DIE TÜR!

SIND SIE VERLETZT, HERR SERIZAWA?

DEN GANZEN WEG AUS FRANKREICH... UND ICH SCHIEB DICH AB, BEVOR DU 'NEN KAIJU HUSTEN HÖRST.

UGH...

WAS, WIRKLICH?! DA WIRD MEIN JUNGE ABER AUGEN MACHEN!

SCHON GEHÖRT? ANGEBLICH IST EIN KAIJU AN LAND GEGANGEN.

AUA... AAH...

URGH ...!

WMMP

URGH ...!

WEG MIT EUCH!

WEG MIT EUCH!

VER-FLUCH-TES DING!

MISAKI! ES GIBT EIN PRO-BLEM!

MISAKI ...

WAS?!

SCHNELL! KENTA WILL SICH DIE SCHUPPEN UNTER DEM KAIJU SCHNAPPEN!

?!

KEN-TA!

N... NEIN! KOMM ZURÜCK!

KENTA!

MISAKI!

SONST WIRST DU AUCH NOCH ZERTRAM-PELT!

... UND ÜBER KAIJU KÖNNTE ICH TAG UND NACHT RE-DEN, ABER...

ICH HAB BIS ZUM UMFALLEN JAPANISCH GELERNT...

PI-ERRE...

UUH...

KYAAAH!

... ICH HABE KEINE AHNUNG, WIE ICH DAS, WAS ICH GE-RADE FÜHLE, IN WORTE FASSEN SOLL...

PIERRE...

DU VER-FLUCHTES KAIJU VER-MIEST MIR HIER NICHT MEINEN GROSSEN MOMENT DER LIEBE!

DU KOTZT MICH AN!

VOR DEM MORGEN-
GRAUEN
STÜRZTEN
DIE BEIDEN
MONSTER
SCHLIESS-
LICH IN DIE
BUCHT VON
TOKYO.

ZWAR VERLOR
JAPAN DADURCH
EINE SEINER WICH-
TIGSTEN TOURISTEN-
ATTRAKTIONEN,
DOCH DIE REI-
SENDEN ÜBERFLU-
TETEN WEITERHIN
IN SCHAREN DAS
LAND. AUCH TOURIS-
TEN LASSEN SICH
NICHT SO LEICHT
AUSROTTEN.

DANACH IST
NIE WIEDER
EIN KAIJU
AUFGETAUCHT.

SIE MAG ZWAR OP-
TISCH ETWAS
WENIGER
HERMACHEN
ALS DIE
FREIHEITS-
STATUE IN
NEW YORK...

... DOCH ALS
SYMBOL FÜR
DIE LIEBE
UND AUSSER-
ORDENTLICHEN
MUT STEHT SIE
WIE EIN FELS
INMITTEN DER
BUCHT VON
TOKYO UND
BEWAHRT DEN
FRIEDEN FÜR
UNSERE STADT.

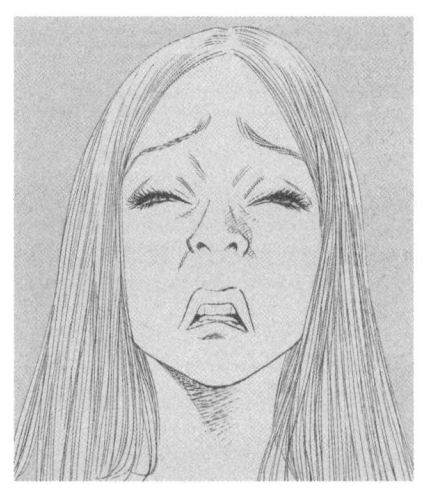

HATSCHI!
Naoki Urasawa
KURZE GESCHICHTEN

OMEGA-MEGA...

...FLASH!

Fin
URASAWA 2014

KRSSHAAAAH!

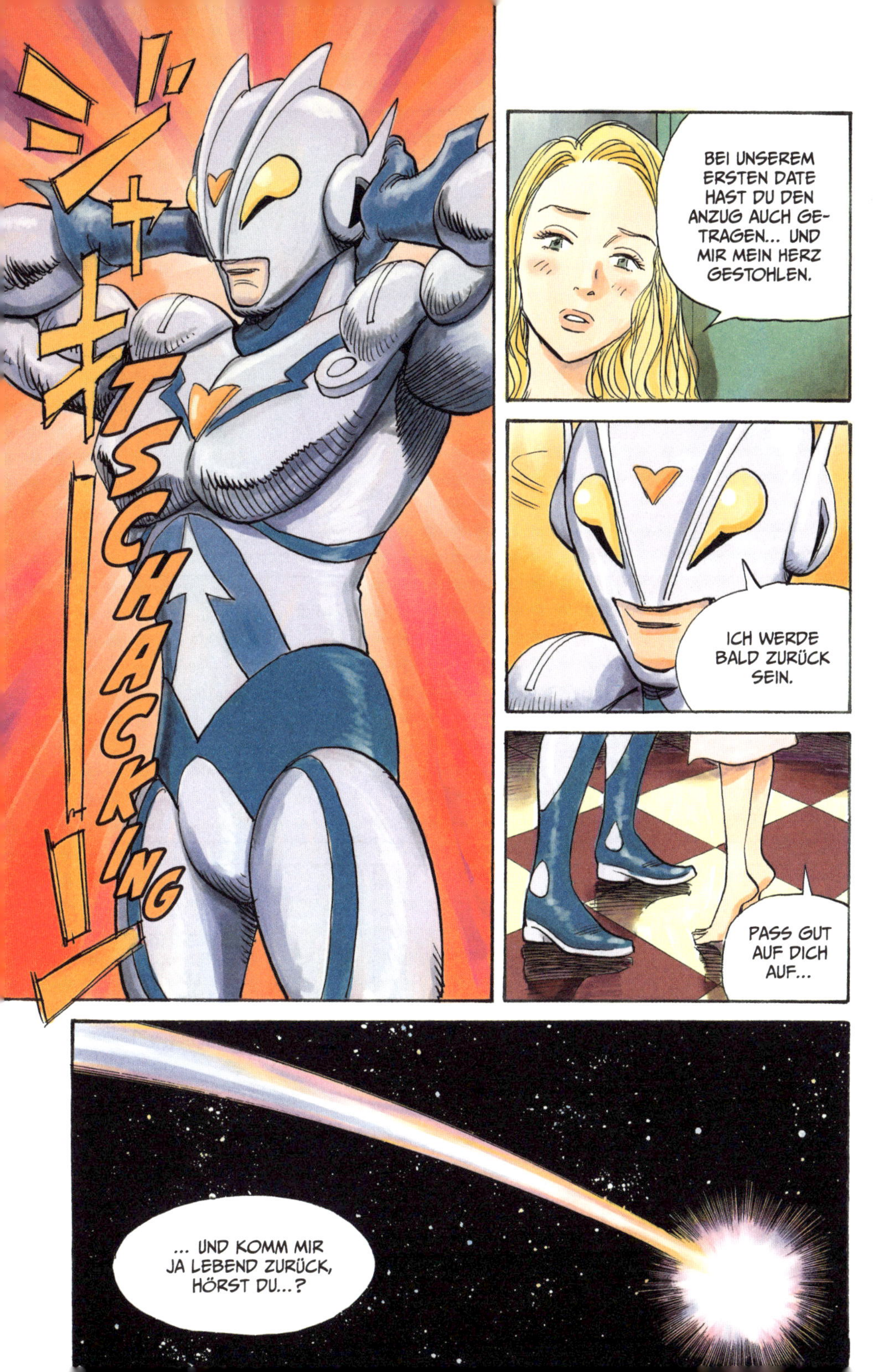

BEI UNSEREM ERSTEN DATE HAST DU DEN ANZUG AUCH GE-TRAGEN... UND MIR MEIN HERZ GESTOHLEN.

ICH WERDE BALD ZURÜCK SEIN.

PASS GUT AUF DICH AUF...

... UND KOMM MIR JA LEBEND ZURÜCK, HÖRST DU...?

MAMA, ICH MUSS PIESELN...

OH... ENTSCHULDIGE, TALOLO, WIR WAREN ZU LAUT, ODER?

NA, KOMM, ICH BRING DICH ZUR TOILETTE.

NEIN, LEG DICH WIEDER HIN, SCHATZ, ES IST NOCH MITTEN IN DER NACHT.

PSCHHH

ALSO IST ES ENTSCHIEDEN? DU MUSST GEHEN...?

ICH WILL, DASS TALOLO SPÄTER AUF EINE GUTE UNI KOMMT.

WIR MÜSSEN FÜR SEINE STUDIENGEBÜHREN SPAREN.

JA... SO MUSS ER SPÄTER NICHT SEIN LEBEN AUF WAGHALSIGEN DIENSTREISEN RISKIEREN.

GRAB

OH, DAS KANNST DU MIR GLAUBEN! ICH BIN SCHLIESS- LICH DEINE EHEFRAU!

TSCHACK!
ジャキン！

UND WAS HÄTTEST DU UNTERNOMMEN? MEINE VORGESETZTEN ZUM ABBRUCH DER MISSION GEZWUNGEN?

NATÜRLICH, WAS DENKST DU DENN?! WELCHE VERNÜNFTIGE FRAU SCHICKT IHREN EHEMANN SCHON GERN AUF EINE LEBENSGE- FÄHRLICHE MISSION IRGENDWO IM WELTALL?!

PALULU...

WIR HABEN NOCH 30 LICHTJAHRE EINEN KREDIT AUF DIESES LUXUSLOFT.

UND? DAFÜR MUSST DU NICHT DEIN LEBEN AUFS SPIEL SETZEN!

WIE BITTE?! DU WOLLTEST DIESES LOFT, DU LIEBST ES!

ICH HABE KEINE WAHL. ES GEHT UM DAS WOHL DES GESAMTEN UNIVERSUMS.

UND WER KÜMMERT SICH UM DAS WOHL DEINER FAMILIE?!

WENN IM UNIVERSUM KEIN FRIEDEN HERRSCHT, KANN ICH AUCH MEINE FAMILIE NICHT BESCHÜTZEN.

DIE LAGE AUF DEM HÖLLENPLANETEN IST ÄUSSERST HEIKEL. WENN WIR NICHT SOFORT EIN- SCHREITEN, WIRD DER GESAMTE KOSMOS IN GEFAHR SEIN!

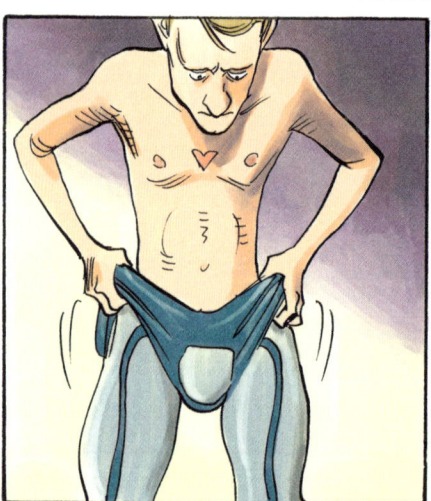

TSS... HM? WARUM ZIEHST DU DICH JETZT UM?

BEI SONNEN- AUFGANG GEHT ES LOS.

WAS? HEUTE SCHON?! WIESO HAST DU MIR DAS VERSCHWIEGEN?!

WEIL DU MIR SONST DIE GANZE NACHT EINE SZENE GEMACHT HÄT- TEST... ES IST NICHT ZU ÄNDERN, SCHATZ.

IN DIE ENT-VÖLKERTE ZONE 1969 DES FIXSTERNS MINUS 14 IN NEBULA MW48.

DER DRITTE PLANET DORT.

WAS? DAS KLINGT NACH DEM ENDE DES UNIVERSUMS...

WIR NENNEN DIESEN PLANETEN AUCH DEN...

... DÄMONISCHEN DEATH-DEATH-HÖLLEN-PLANETEN.

‼

L...LIEBLING... DU MEINST DOCH NICHT DEN PLANETEN, DER DEINEN BRUDER GETÖTET UND VON DEM DEIN COUSIN GERADE NOCH SO MIT DEM LEBEN DAVONGEKOMMEN IST?!

IST DAS DIESER TODESPLANET?!

NEIN, ULULU! DAS IST VIEL ZU GEFÄHRLICH!

TANSHIN FUNIN /
SOLO MISSION

EINE DIENST-
REISE?!

WIESO SAGST
DU MIR DAS ERST
JETZT? UND WOHIN
ÜBERHAUPT?

Erstveröffentlichung:
The Tipping Point, 16. Februar 2016,
Humanoids (Frankreich)/
als Turning Point, 25. September 2017,
Asuka Shinsha (Japan)

Tanshin Funin / Solo Mission

AUTORENKOMMENTAR

DAMIYAN!

Ich habe wirklich eine Weile darüber nachgedacht, weshalb ich mich bei dieser Kurzgeschichte für den Titel »DAMIYAN!« entschieden hatte, aber es ist mir leider nicht mehr eingefallen. Allerdings lässt mich Damiyans T-Shirt mit dem Aufdruck »666« vermuten, dass es etwas mit dem berühmten Horrorfilm zu tun gehabt haben könnte und auch ein Teil der Inspiration für mich war. Ich weiß noch, dass ich mich damals dazu entschloss, die Betonung auf das »mi« zu legen, wie es in der Kansai-Region und deren Dialekt üblich ist, und die Figur dadurch auch von der Figur aus dem Film abzugrenzen (Damien). Die Figur ähnelt auch ein wenig Yuki Himura vom Comedy-Duo »Bananaman«, aber ich glaube, das war reiner Zufall, da ich irgendwann ganz unbewusst anfing ein paar Skizzen zu zeichnen, und plötzlich kam dieser lustige Kauz zum Vorschein. Wenn ich jetzt darüber nachdenke, hatte ich anfangs geplant, ein ganzes Sammelsurium an ernsten Themen und Ideen in dieser kurzen Geschichte unterzubringen, mich aber dann während des Schaffensprozesses noch einmal umentschieden und so wurde aus »DAMIYAN!« dann das, was ihr eben gelesen habt. Aber ich mag diese Geschichte, vor allem das Bizarre und Komische an ihr.

Wirf das Ding Richtung Mond!

Das ist eine Geschichte, die ich anlässlich des zehnjährigen Jubiläums des Osamu-Tezuka-Kulturpreises gezeichnet habe. Da ich selbst bereits die Ehre hatte, zweimal mit diesem Preis ausgezeichnet zu werden, einmal für »Monster« und einmal für »Pluto«, hatte ich mir überlegt, dass ich zusammen mit Takashi Nagasaki, dem Co-Autor von »Pluto«, diese Geschichte machen möchte. Wenn ich mich recht entsinne, hatten wir auch nur ein einziges, aber dafür sehr arbeitsintensives Treffen in einem Café zu diesem Projekt. Unsere Unterhaltung damals hatte gereicht, um die ersten Rohentwürfe anzufertigen und loszulegen. Ich glaube, alles begann mit der Idee, dass ich mir vorstellte, wie es wohl wäre, über einen Journalisten zu erzählen, der in seinem Verlag für die Nachrufe und Todesanzeigen zuständig ist. Das war die Ursprungsidee und ich fand es thematisch echt spannend. Am Ende ist es eine dicht erzählte Story geworden, die auf wenigen Seiten doch ein halbes Leben abbildet und somit irgendwo auch typisch ist für das Duo Urasawa-Nagasaki.

Die alten Knacker / Musica Nostra

Dies war ein Projekt rund um Katsuhiro Otomo, bei dem sich mehrere Mangaka zusammenfanden und abwechselnd zeichneten. Da heutzutage immer noch »moe-Charaktere« bevorzugt werden, dachte ich, ein Projekt, das das genaue Gegenteil davon war, nämlich eine Gruppe älterer Männer abbildete und »in Szene setzte«, hätte mit Sicherheit keinen Erfolg. Doch wer hätte gedacht, dass ich mich derart irren würde und schon einige Jahre später ein regelrechtes Phänomen daraus werden sollte, das die »Ossan's Love« (die Liebe zu den alten Knackern) zum Inhalt hatte. Inzwischen sind die Alten wieder »in« und so was von angesagt!

»Musica Nostra« wiederum ist ein Projekt, das auf der Annahme basierte, dass die meisten Mangaka Musik hören, während sie zeichnen, und dass Musik als Ausgangspunkt und Idee so gut wie immer funktionieren würde. Jedoch mussten wir dann schnell feststellen, dass die meisten von uns sich mehr auf das eigentliche Zeichnen als auf die Musik konzentrierten, weshalb das Projekt auch nicht den erhofften Anklang fand. Im Nachhinein kann ich nur sagen, dass ich hoch motiviert war und noch heute gern diese kleinen Anekdoten durchblättere.

Henry und Charles

Ich frage mich, ob dieser Manga nicht das wahre Meisterwerk meiner bisherigen Karriere ist. Schon als ich klein war, liebte ich die »Looney Tunes« über alles, vor allem Tweety und den Road Runner fand ich absolut genial. Und nicht zu vergessen die amerikanischen Sitcoms damals wie »Bewitched« (Verliebt in eine Hexe!) mit den aufgezeichneten Lachern im Hintergrund. Diese Geschichte enthält im Grunde die Essenz von all dem, was ich in meiner Kindheit schon toll fand. Bevor ich professioneller Mangaka wurde und noch Student war, hatte ich eine Geschichte mit dem Titel »Swimmers« gezeichnet, über eine Katze und einen Hund, die in New York lebten – und dieser Manga ähnelte in gewisser Weise sehr der Atmosphäre, die ich auch in »Henry und Charles« zum Ausdruck bringen möchte. Die Story von »Henry und Charles« wurde in einem Magazin für Kinder veröffentlicht und ist deshalb auch komplett in Farbe. Das trägt wahrscheinlich zusätzlich zu dem westlichen Touch bei, den ich immer schon mochte und der mir auch hier wieder sehr gut gefällt.

It's a Beautiful Day

Die ausführlichen Erläuterungen zu dieser Kurzgeschichte befinden sich in der Mitte des Buches und ich lade euch alle ein, da mal drüberzuschauen, falls ihr das noch nicht getan habt. Was ich aber nur noch einmal betonen kann, ist, dass Kenji Endo (Enken) ein fantastischer Mensch und eine beeindruckende Person war. Er war es auch, der mir einen Tritt in den Hintern verpasste und mir immer wieder einbläute, aktiv zu sein, nur nie auf der Stelle zu treten und immer Neues zu schaffen. Ich glaube, nur dank ihm habe ich diesen Ehrgeiz und Arbeitseifer entwickeln können, den ich heute noch besitze. Dank ihm habe ich mich für diese Geschichte auch seit Langem einmal wieder der Herausforderung gestellt, die Zeichnungen für jedes einzelne Panel, die Hintergründe, die Texte, einfach alles komplett im Alleingang zu bewerkstelligen. Diese Erfahrung und das Gefühl, etwas »geschafft« zu haben, gaben mir wirklich Auftrieb und Motivation, die ich direkt für meine aktuelle Reihe »Asadora!« mitnehmen konnte, denn auch dort habe ich erneut einige Hintergründe selbst gestaltet. Enken hat mir geholfen, meine Freude am Mangazeichnen zurückzuerlangen und ganz neu an meine eigenen Projekte heranzugehen. Dafür bin ich ihm unendlich dankbar!

Das Königreich der Kaiju

Ich gehöre zur Generation der »Kaiju«. Damit bin ich aufgewachsen. Als ich noch klein war, wurden zu Neujahr Kaiju-Filme im Fernsehen ausgestrahlt. Anders als heute, wo ein Großteil der Leute die inzwischen schon legendäre NHK-Sendung »Kohaku Uta Gassen« anschaut, waren die Kaiju-Streifen damals die Attraktion schlechthin für uns am letzten Abend eines Jahres. Es ist schwer zu erklären, wo die Faszination für diese gigantischen Monster herrührt. Und auch wenn wir damals noch Schulkinder waren, entwickelten wir schon früh einen kritischen Blick auf die Filme, der noch heute echte Kenner aus uns macht. Zum Beispiel wenn Godzilla die Manga-Pose »Sheeh« zum Besten gab und damit das Ende einer Ära einläutete, oder wenn Godzillas Sohn auch Kingoro Yanagiya sein könnte, oder wenn plötzlich viel mehr Kämpfe im Meer stattfanden, weil dies günstiger war, als Stadtkulissen zu bauen. Und natürlich ist klar: Wenn ein Junge aus dieser Generation eines Tages erwachsen wird, dann erschafft er auch einen Kaiju-Manga in diesem Stil. Hat nicht jemand Lust, die Kurzgeschichte zu adaptieren und einen fantastischen Kaiju-Film daraus zu machen?

Tanshin Funin / Solo Mission

Dieser Manga wurde anlässlich des 40-jährigen Bestehens des französischen Comic-Verlags »Les Humanoides Associés«, der unter anderem für die Herausgabe des Magazins »Metal Hurlant« (Heavy Metal) bekannt ist, in Auftrag gegeben und sollte Teil einer Anthologie für das Jubiläum werden. Da das Buch und die Geschichte in Frankreich publiziert wurden, verläuft auch die Leserichtung von links nach rechts. Als ich anfing mein Storyboard zu zeichnen, dachte ich, dass es keinen großen Unterschied machen würde und mir der Wechsel sicher leichtfällt. Aber ich muss gestehen, es war verdammt hart. Mein Gehirn hatte sich wohl nach all den Jahren längst daran gewöhnt, über Kompositionen, die von rechts nach links verlaufen, nachzudenken. Ich glaube, es gab auch einige thematische Vorgaben für die Anthologie, aber am Ende habe ich einfach das gemacht, worauf ich am meisten Lust hatte, und den Rest gekonnt ignoriert.

Als ich diese Sammlung von Kurzgeschichten zusammenstellte, merkte ich erst, dass viele meiner Arbeiten Dinge thematisieren, die mir schon als Kind wichtig waren und noch heute gut gefallen: seien es nun Kaiju, Superhelden oder Sitcoms und Slapstick-Komödien. Ich bin tatsächlich etwas überrascht, wie wenig ich mich bis heute verändert habe. Gleichzeitig muss ich aber auch meine tiefe Dankbarkeit und meinen Respekt für die Kultur der 1960er-und 1970er-Jahre zum Ausdruck bringen, die mich für viele, viele Jahre mit unendlich viel Inspiration und den tollsten Ideen versorgt hat und es noch heute tut. Ich danke euch allen, dass ihr diese Kurzgeschichtensammlung gelesen habt. Ich werde versuchen, auch weiterhin interessante und schöne Manga für euch zu zeichnen.

Naoki Urasawa

HALT!

HATSCHI! ist ein japanisches Werk, und in Japan wird von hinten nach vorn umgeblättert und von rechts oben nach links unten gelesen. Wir wünschen beste Unterhaltung!

CARLSEN MANGA
© 2024 Carlsen Verlag GmbH · Völckersstraße 14-20 · 22765 Hamburg
Aus dem Japanischen von Martin Gericke

KUSHAMI URASAWA NAOKI TANPENSHU by Naoki URASAWA
© 2019 Naoki URASAWA
All rights reserved.
Original Japanese edition published by SHOGAKUKAN.
German translation rights in Germany, Austria, Liechtenstein and German speaking area
in Switzerland and Luxembourg arranged with SHOGAKUKAN through VME PLB SAS.

TSUKI NI MUKATTE NAGERO! © Naoki URASAWA / Takashi NAGASAKI
IT'S A BEAUTIFUL DAY © Naoki URASAWA / Kenji ENDO
Original design: Isao YOSHIMURA + Bay Bridge Studio

Redaktion: Petra Lohmann
Alle deutschen Rechte vorbehalten.
ISBN: 978-3-551-80122-7

Wir produzieren nachhaltig
• Klimaneutrales Produkt
• Papiere aus nachhaltigen und kontrollierten Quellen
• Hergestellt in Europa

MIX
Papier | Fördert
gute Waldnutzung
FSC® C018236